LES

ÉTAPES D'UN TOURISTE EN FRANCE

COLLECTION PUBLIÉE PAR

A. HENNUYER, IMPRIMEUR-ÉDITEUR

47, Rue Laffitte, Paris.

Grâce aux facilités de déplacement qu'offrent les chemins de fer, le goût des voyages est devenu universel. Tout le monde, ou à peu près, quitte aujourd'hui chaque année la cité qu'il habite et, pour quelques semaines, se transforme en touriste.

Qui dit touriste dit curieux. Non seulement en voyage on veut voir, mais on veut savoir. L'excursionniste ne se contente pas de spectacles nouveaux, il veut encore conserver quelques souvenirs des pays qu'il a parcourus.

Un grand nombre de guides ont été rédigés pour renseigner les voyageurs. Ce sont des travaux généralement bien faits, mais forcément renfermés dans leur rôle d'indicateurs, ils ne reflètent aucune des impressions ressenties par le touriste, et par cela même ne sauraient devenir des livres de bibliothèque.

Nous avons donc pensé qu'il était possible de créer une collection qui, tout en conservant l'utilité pratique des guides, offrît l'attrait d'une lecture attachante et rappelât le temps passé en excursions ou en promenades.

D'un format portatif, illustrés de nombreuses gravures exécutées par nos premiers artistes, ornés de vues panoramiques, de cartes et de plans coloriés, tous les volumes de la collection des *Étapes d'un touriste en France* ont été écrits par des auteurs ayant un égal respect de leur plume et de leurs lecteurs et connaissant bien les contrées qu'ils se sont chargés de visiter et de décrire.

VOLUMES PUBLIÉS DANS LA COLLECTION

MARTIN (ALEXIS). **Paris,** *promenades dans les vingt arrondissements.* Un fort volume in-16 de plus de 500 pages, avec 44 gravures hors texte d'après les dessins de F. Lix, J. Geoffroy, V. Gilbert, Norbert Gœneutte, Paul Merwart, Jean Béraud, Touchemolin, H. Laissement, A. Deroy, etc., et 21 plans coloriés, dressés et gravés par E. Morieu. Prix : relié toile, 10 fr.

— **Tout autour de Paris,** *promenades et excursions dans le département de la Seine.* Un volume in-16 de xxiv-317 pages, illustré de 20 dessins hors texte, de 2 vues panoramiques et de 5 cartes et plans coloriés. Prix : relié toile, 7 fr. 50.

— **Promenades et Excursions dans les environs de Paris.** *Région de l'Ouest.* Un volume in-16 d'environ 500 pages, illustré de 109 gravures dont 51 hors texte, 2 vues panoramiques, 7 cartes et plans coloriés. Prix : relié toile, 10 francs.

Il est publié également en trois parties :

> **Première partie :** *Autour de Saint-Cloud.* — *De Sèvres à Versailles.* — *De Versailles à Marly et à Bougival.* — In-16 de 160 pages, avec 25 gravures dont 16 hors texte, 2 cartes coloriées et 1 vue panoramique. — Prix : broché, 3 francs.

> **Deuxième partie :** *Autour de Versailles.* — *La vallée de Chevreuse.* — *Vallées de la Bièvre et de l'Yvette, Rambouillet.* — *Au pays chartrain.* In-16 de 184 pages, avec 41 gravures dont 19 hors texte, 3 cartes coloriées et 1 vue panoramique. — Prix : broché, 3 francs.

> **Troisième partie :** *Autour de Saint-Germain.* — *Les rives de la Seine : de Poissy à Mantes et à la Roche-Guyon, et de la Roche-Guyon à Argenteuil.* In-16 de 172 pages avec 42 gravures dont 17 hors texte et 2 cartes coloriées. — Prix : broché, 3 francs.

BEISSIER (FERNAND). **Le Pays d'Arles.** Un volume in-16, avec illustrations et carte, cartonné, 2 fr.

ADENIS (JULES). **De Marseille à Menton.** Un volume in-16 de 400 pages, illustré de 33 gravures, dont 20 hors texte, de 2 vues panoramiques et de 2 cartes du littoral méditerranéen. Prix : relié toile, 7 fr.

ANDRÉI (A). **A travers la Corse.** Un volume in-16, illustré de 31 gravures et 1 carte coloriée. Prix, relié toile : 6 francs.

TREBUCHET (LÉON). **Belle-Isle-en-Mer.** Un volume in-16, avec illustrations et carte, cart., 2 fr.

— **La Baie de Cancale.** Un volume in-16, avec illustrations, cart., 2 fr.

PROMENADES ET EXCURSIONS

DANS

LES ENVIRONS DE PARIS

RÉGION DE L'OUEST

DU MÊME AUTEUR

Paris, Promenades dans les vingt arrondissements, 1 vol. in-16 de 518 pages, avec 44 gravures hors texte et 21 plans coloriés. 1890.

Tout autour de Paris, promenades et excursions dans le département de la Seine. 1 vol. in-16 de xxiv-317 pages, illustré de 20 dessins hors texte, de 2 vues panoramiques et de 5 cartes et plans coloriés.

Étude sur les ex-dono et les dédicaces autographes, avec reproductions autographes d'*ex-dono* de Victor Hugo, Balzac, Théophile Gautier, George Sand, Jules Janin, Joseph Autran, Victorien Sardou, Charles Monselet. 1 vol. 1877.

Les Mois. Douzain de sonnets monorimes, dans l'*Almanach fantaisiste* pour 1882, publié par la Société des Éclectiques.

Jean Ango, armateur dieppois. 1884.

Le Chateau d'Arques. 1884.

Faïences et Porcelaines. 1 vol. illustré de 37 dessins de Schmidt et de 195 monogrammes. 2ᵉ édition, 1890.

Guides du visiteur aux Salons de 1887 et 1888.

LES

ÉTAPES D'UN TOURISTE
EN FRANCE

PROMENADES ET EXCURSIONS
DANS

LES ENVIRONS DE PARIS

PAR

ALEXIS MARTIN

RÉGION DE L'OUEST

III

Autour de Saint-Germain — Les rives de la Seine :
De Poissy à Mantes et à la Roche-Guyon
De la Roche-Guyon à Argenteuil.

Avec 42 gravures, dont 17 hors texte, et 2 cartes coloriées.

PARIS

A. HENNUYER, IMPRIMEUR-ÉDITEUR

47, RUE LAFFITTE, 47

1892

TABLE DES MATIÈRES

GRAVURES HORS TEXTE

CARTES ET PLANS.

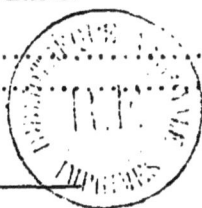

AVERTISSEMENT

Ce troisième fascicule termine et complète la série d'explorations que nous avons entreprise à l'ouest de la capitale.

Il est divisé en trois excursions que le touriste pourra faire séparément ou transformer en un petit voyage, au cours duquel il aura presque constamment la coulée de la Seine pour guide et les merveilleuses campagnes qu'elle arrose pour horizon.

Partant de Chatou, vieux village souriant au bord du fleuve, nous visiterons la partie sud de la presqu'île du Pecq, puis, après avoir passé par Bezons et Sartrouville, nous traverserons Maisons-Laffitte pour nous jeter dans la forêt de Saint-Germain, dont l'exploration nous ramènera à cette terrasse unique au monde, splendide entrée de la ville de Robert le Pieux, de Charles V, de Louis XI, de Henri IV et de Louis XIV.

Saint-Germain vu, son château et son musée visités, nous traverserons encore une fois la forêt pour nous rendre à Poissy; là, nous serons retenus par des souvenirs vieux et récents; quand nous reprendrons notre marche, nous visiterons une suite de pays qui tous ont leur histoire, leurs charmes et leurs curiosités, puis nous arriverons à Mantes-la-Jolie, d'où nous nous dirigerons vers Rosny-sur-Seine, charmant village oublié où semble errer encore l'ombre du grand Sully.

A partir de ce moment, nous entrerons dans une région exceptionnellement pittoresque et nous atteindrons la Roche-Guyon.

C'est de cette vieille cité féodale que nous repartirons pour une dernière excursion qui nous ramènera vers Paris; nous remonterons cette fois le cours du fleuve et nous rencontrerons sur sa rive de nombreux pays où notre curiosité sera vivement excitée : Vétheuil, Limay, Meulan, Triel, Andresy, Conflans-Sainte-Honorine, etc. Nous arriverons enfin à Argenteuil; là nous n'aurons plus qu'un pont à franchir pour être dans le département de la Seine, ou un train à prendre pour rentrer à Paris.

PROMENADES ET EXCURSIONS

DANS

LES ENVIRONS DE PARIS

RÉGION DE L'OUEST

TROISIÈME FASCICULE

AUTOUR DE SAINT-GERMAIN

ITINÉRAIRE

Chatou : le pont de Chatou, l'île de Chatou, la maison Fournaise, église Notre-Dame, la seigneurie, l'hôtel de ville, le marché ; **Croissy** : le pavillon de Gabrielle, Colifichet, maison de charité, église Saint-Léonard, château, église Saint-Martin-Saint-Léonard, mairie, les Gabillons ; **le Vésinet** : l'asile du Vésinet, temple protestant, église Sainte-Marguerite, mairie ; **Montesson** : église Notre-Dame, maison Ancelin, la Tour ; **Carrières-Saint-Denis** : église Saint-Jean-Baptiste, le château, l'île Saint-Martin, le barrage de Bezons ; **Bezons** : château, pensionnat Notre-Dame du Calvaire, église Saint-Martin, île Marante, Moulin-Joli ; **le Marais** : château ; **Houilles** : église Saint-Nicolas ; **le Val-Notre-Dame** : chapelle ; **Sartrouville** : église Sainte-Marthe, le pont de Maisons ; **Maisons-Laffitte** : le château de Maisons, le parc, le champ de courses, le pavillon Églé, l'église Saint-Nicolas, réservoirs de la Compagnie des eaux de Maisons ; **la forêt de Saint-Germain** : château de la Muette, gare d'Achères, champ de courses, la croix du Maine ; **Achères** : église Saint-Martin, la forêt, croix commémorative, chêne de Saint-Joseph, les Loges, maison d'éducation de la Légion d'honneur, la fête des Loges, étoile du Bon-Secours, la mare aux Canes, château du Val ; **le Mesnil-le-Roi** : église ; **Carrières-sous-Bois** ; **Saint-Germain** : la terrasse, pavillon Henri IV, le parterre, monument de Thiers, théâtre, gare, église Saint-Germain, château, musée des antiquités nationales, casernes, hôtel de ville, marché, hôpital, hospice ; **le Pecq** : le cimetière, la Maison-Forte, pavillon Sully, le pont, église.

HUITIÈME EXCURSION

Chatou, Croissy, le Vésinet.

D'Argenteuil à Bougival, la Seine coule, paresseuse et limpide, autour de vertes îles, au pied de villages qui s'appellent Bezons, Carrières-Saint-Denis, Chatou. Arrivé là, le cours du fleuve enveloppe Croissy, le Vésinet, le Pecq, dans une vaste boucle; puis, sinueux toujours, il contourne la forêt de Saint-Germain, arrosant le Mesnil-le-Roi, Sartrouville et Maisons-Laffitte à l'est, Herblay, Conflans-Sainte-Honorine au nord, Andrésy et Poissy à l'ouest, formant enfin les deux presqu'îles voisines et à peu près semblables de forme que nous allons explorer.

Nous allons nous rendre d'abord à Chatou. La Seine est ici divisée en deux bras par une longue suite d'îles : en amont, l'île Saint-Martin dont la pointe touche à Bezons, l'île de Chatou qu'un beau pont relie aux deux rives du fleuve; en aval, les îles du Chiart, de la Chaussée, Gautier et des Loges, les dernières invisibles d'ici, mais connues déjà de ceux de nos lecteurs qui nous ont suivi à Marly et à Bougival.

Le pont de Chatou n'est pas d'origine fort ancienne. Au milieu du dix-septième siècle, c'était encore en bac qu'on traversait la Seine pour se rendre au village; un président au Parlement, nommé Portail, fit, en 1650, construire à ses frais un pont en bois qui, non sans réparations, dura jusqu'en 1812. C'est sur cet ouvrage primitif qu'en janvier 1689 passa la femme de Jacques II, chassée d'Angleterre et se rendant à Saint-Germain.

Au milieu du pont, des escaliers descendent dans l'île; sa partie nord n'est qu'un pâturage; sa partie sud, plus

LA SEINE A CHATOU.

DESSIN DE F. DE MONTHOLON.

pittoresque, est très fréquentée par les Parisiens. Le terrain herbu est accidenté de monticules sans hauteur et d'excavations sans profondeur; de hauts peupliers dressent fièrement leurs panaches vers la nue, des saules aux troncs grimaçants mirent leur chevelure dans l'onde; il y a là des coins charmants pour la promenade et aussi des retraits propices à la rêverie. Les industriels l'ont bien compris, et quelques chalets, toujours loués l'été, s'y élèvent auprès du grand hôtel-restaurant de Fournaise, célèbre chez les canotiers pour sa cuisine et amusant à visiter, grâce aux peintures qui décorent ses murailles. La fantaisie des artistes s'est ici donné libre cours et le grotesque touche au sérieux; mais quelques panneaux sont véritablement remarquables; nous citerons une tête de chien qu'on voit à gauche, dans le couloir d'entrée, et dans un petit cabinet qui lui fait face, une sainte Thérèse, peinte sur fond d'or, d'une fort belle expression. C'est de chez Fournaise que partait Fernand Desnoyers, quand il improvisa cette charmante chanson de *Mme Fontaine,* que les échos de l'île répètent encore parfois durant les beaux soirs d'été.

Le pont franchi, les quais fuient à droite et à gauche; devant nous, l'église dresse son clocher et son chevet. Employons à rappeler l'histoire du pays les quelques moments que nous mettrons à atteindre sa façade.

Les premières maisons du village, humbles demeures de pêcheurs sans doute, semblent s'être groupées en ce site charmant vers le commencement du onzième siècle, mais on n'a que de bien vagues renseignements sur son existence en ces temps reculés. Ce que l'on sait mieux, car une charte l'atteste, c'est qu'en 1182, le pays, alors florissant, appartenait à l'abbaye de Malnoue. Les guerres qui ensanglantèrent la fin du moyen âge ruinèrent si complètement Chatou, que, lors du recensement de 1470, on y constata la présence de 4 habitants. Au dix-huitième siècle, le pays s'était repeuplé; nobles et bourgeois en apprenaient le chemin. Bertin, ministre de Louis XV, y faisait bâtir un château, et le chancelier Maupeou entendait chanter des couplets railleurs sous les fenêtres du sien. Aujourd'hui, le village compte une population d'environ 3600 habitants, qui s'augmente considérablement durant la saison d'été ; le commerce n'y manque pas d'activité, et l'industrie y est représentée par des fabriques de bonneterie, d'impression sur feutre et de vitraux.

Nous voici devant le portail de l'église; elle est dédiée à Notre-Dame, et bien qu'elle ait été réparée au dix-septième siècle par les soins de Thomas le Pileur, alors seigneur du lieu, et depuis la dernière guerre par M. Bardon, architecte, elle a conservé son beau caractère original. C'est un édifice des douzième et treizième siècles; la façade, comme celle de l'église de Montreuil-sous-Bois, rappelle un peu celle de notre Saint-Germain l'Auxerrois; la tour est la partie la plus ancienne du monument, elle est ornée de fines colonnettes et de gracieuses arcatures à plein cintre, et supporte une flèche ardoisée d'une forme très heureuse. A l'intérieur, nous retrouvons de nombreux vestiges de la belle architecture religieuse du treizième siècle, d'abord dans les voûtes en plein cintre des bas côtés, ensuite dans les élégantes voussures du chœur; dans la chapelle de droite, nous remarquons une ancienne statue de la Vierge, et, dans celle de gauche, un bas-relief en marbre, *le Christ au tombeau;* ce sont les seules œuvres d'art que renferme l'église, mais elles sont précieuses.

L'avenue du Château nous mène devant la porte cochère, ornée de lions en pierre, dé *la Seigneurie.* C'était la propriété de Berlin, et Soufflot en fut l'architecte; mais il ne se mit pas en frais d'imagination, et le logis est d'une grande simplicité. Plus curieux est le parc que décore une grotte d'art, dont la voûte est soutenue par dix-huit colonnes et dans le fond de laquelle l'eau d'une source forme cascade.

L'hôtel de ville s'élève au bout de l'avenue d'Aligre, et de loin, avec sa façade blanche, ses chaînes de briques, son campanile, il a plutôt l'air d'un château que d'un édifice municipal. Cette construction est tout ce qui reste d'une propriété qui appartint autrefois à la famille de Casimir Périer;

elle a été réparée et appropriée à sa destination actuelle par M. Bardon, l'architecte dont nous avons parlé déjà à propos de l'église. Dans le vestibule, deux tableaux, d'une exécution dont l'excessive naïveté garantit l'exactitude, représentent la propriété à diverses époques. Tournez à gauche le bouton d'une porte, et vous vous trouverez dans le salon de réception, belle pièce dont la décoration blanc et or est complétée par des fantaisies picturales finement exécutées et distribuées avec goût.

Vis-à-vis de l'hôtel de ville, l'avenue d'Aligre, qui va nous mener à Croissy, ombrage de ses grands arbres un gai marché provincial où les ménagères peuvent s'approvisionner et les coquettes s'orner. On y trouve de tout, à ce marché qui se tient le mardi et le samedi de chaque semaine, depuis les bijoux jusqu'aux pièces de toile, depuis les sabots jusqu'aux chapeaux, depuis la vaisselle jusqu'aux provisions alimentaires. Aussi la foule est-elle grande et les affaires actives.

Nous traversons la voie ferrée à gauche de la gare et nous entrons à Croissy. La commune, qui se confond presque avec celle de Chatou, descend jusqu'à la Seine et se compose à peu près uniquement de larges avenues bordées de constructions coquettes, de riants jardins et parfois aussi de villas tout à fait luxueuses. Croissy, Chatou, le Vésinet, le Pecq, ce sont là des noms que le travailleur parisien répète souvent pendant les laborieuses années de sa vie; c'est là qu'il rêve finir ses jours dans une maison blanche et au milieu de la verdure et des fleurs; ce rêve, longtemps caressé, s'accomplit souvent. La population de ces jolis pays s'accroît chaque année.

Croissy, frais et pimpant aujourd'hui, est d'origine ancienne, et, comme Chatou, dut n'être tout d'abord qu'un hameau de pauvres pêcheurs; il s'appelait originairement Malport et fut pillé et détruit par les Normands. Relevé de ses ruines, le pays fut pris en affection par Blanche de Castille, qui le dota de sa première église. Longtemps oublié, heureux sans doute en sa médiocrité, le bourg acquit une certaine importance sous Henri IV, qui y fit construire un pavillon qu'habita, dit-on, la Belle Gabrielle. Si vous suivez l'avenue des Tilleuls, vous trouverez encore à son extré-

Église Saint-Léonard, à Croissy.

mité cette construction gothique décorée sur la façade d'un buste du Vert Galant. Tout auprès est Colifichet, grande maison de campagne bâtie par le marquis d'Aligre. Au marquis d'Aligre appartenaient en grande partie Croissy et

Chatou ; aussi ne soyez pas surpris si vous trouvez ici une place, là une avenue qui portent son nom. A sa mort, en 1853, le riche propriétaire laissa 140000 francs à la commune de Croissy pour fonder un hôpital ; nous ne savons quel procès s'engagea entre elle et les héritiers du marquis, toujours est-il que le legs fut réduit et que l'hôpital ne fut pas fondé ; on se borna à créer une maison de charité que dirigent des sœurs et où de jeunes enfants reçoivent l'instruction primaire.

Nous avons dit plus haut que la reine Blanche fonda une église à Croissy. Ce petit monument, placé sous l'invocation de saint Léonard et qui conserva longtemps des reliques de son patron, existe encore ; vous le verrez dans la Grande-Rue, vis-à-vis de la rue Saint-Germain, en face de l'ancien château seigneurial construit en 1760, et qui appartient aujourd'hui à M. Bouruet-Aubertot. C'est un tout petit édifice, d'une jolie forme et charmant encore malgré l'effritement de ses pierres et ses fenêtres veuves de vitres ; désaffecté depuis plusieurs années, une bande de calicot s'étale au-dessus de son porche, et vous pouvez lire cette inscription : *Local à louer, s'adresser à la mairie.*

L'église Saint-Martin-Saint-Léonard, qui remplace celle que nous quittons, a été construite par M. Delarue ; elle est de bon style, mais inachevée ; d'assez jolies verrières décorent le fond du chœur. Grâce à la libéralité d'un paroissien, M. de Wailly, qui a laissé 20000 francs à la commune, on espère pouvoir terminer promptement l'édification du clocher.

La mairie, l'école maternelle et l'école communale des filles (1) sont installées dans les bâtiments d'une belle propriété dont le jardin sert de promenade publique ; si vous faites, à la maison commune, quelques recherches sur le passé de la localité, vous apprendrez qu'elle fut habitée, sous Louis XIV, par le sculpteur Gaspard de Marsy et

(1) L'école communale des garçons est sur la place d'Aligre, auprès de la maison de charité.

qu'en 1689 elle avait pour curé l'abbé Vertot, auteur de l'*Histoire des révolutions romaines*. Outre le marquis d'Aligre dont nous avons déjà parlé, on vous citera encore, parmi les hôtes illustres de Croissy, d'Espremesnil, député en 1789, dont les descendants sont encore propriétaires d'un château, et Émile Augier, mort en sa blanche maison du quai de l'Écluse, le 25 octobre 1889, et inhumé au cimetière de la Celle-Saint-Cloud.

Le hameau des Gabillons, que nous traverserons pour nous rendre au Vésinet, contraste par sa rusticité avec le luxe de Croissy; les jardins, les parcs, les villas, font place à d'humbles et vieillottes maisonnettes; la verdure n'apparaît plus que de loin en loin par des échappées sur la campagne; les habitants ne sont plus des rentiers jouissant d'un repos bien acquis, mais des travailleurs courbés tout le jour sur le dur labeur de la terre.

Le Vésinet, *Vesiniolum*, au temps de Charlemagne, n'était alors et ne fut, pendant bien des siècles encore, qu'un bois épais dépendant de la forêt des Yvelines qui couvrait toute la presqu'île. Cette partie était désignée sous le nom de *forêt du Bourillon* ou *forêt de la Trahison*. D'où vient ce dernier nom? D'une légende qui désigne *Vesiniolum* comme ayant été choisi pour lieu de réunion par Ganelon et plusieurs autres ennemis de Roland quand ils tramèrent le complot qui lui coûta la vie à Roncevaux. Longtemps on montra là la table de pierre autour de laquelle les conjurés s'étaient, dit-on, groupés.

Bien que la traversée de la forêt fût dangereuse à cause des nombreux bandits qui la hantaient, elle abondait en gibier de poil et de plume, et presque tous les rois de France y chassèrent. Sous Henri IV et sous Louis XIII, on commença à percer des routes. Sous Louis XIV, les chasses royales furent fréquentes; on a conservé le souvenir de celle qui fut donnée en l'honneur de Jacques II, roi d'Angleterre, le 24 avril 1698.

Vers 1725, le duc de Noailles fit défricher 300 arpents de bois, et autour d'une petite chapelle qu'il érigea se groupèrent quelques chaumières de cultivateurs. Le village était créé, et le 8 août 1726 il était déclaré dépendant de la paroisse du Pecq, au grand regret, paraît-il, du curé de Chatou.

Longtemps encore tout le territoire qu'il occupe demeura boisé; c'est à l'ombre de ses fourrés que Pinet, caissier du pacte de famine, fut trouvé mourant le 23 juillet 1789, victime, disent les uns, d'un assassinat qu'ils attribuent à ses associés, frappé par lui-même, assurent les autres.

Quand la Révolution éclata, le Vésinet appartenait au comte d'Artois et, bien d'émigré, fut réuni au domaine national. Lors de la création du chemin de fer de Saint-Germain, une quantité de vieux arbres tombèrent sous la cognée, de nombreuses éclaircies furent pratiquées, la sombre forêt d'autrefois devint un lieu de promenade et les écoliers des pensionnats, nombreux alors à Saint-Germain et à Nanterre, y prirent leurs ébats. La transformation complète devait s'accomplir sous le dernier Empire, grâce d'abord à la fondation de l'Asile dont nous parlerons tout à l'heure, et ensuite à la cession, consentie à une société immobilière, de 400 hectares de terrain. C'est alors que presque tout ce qui restait de l'antique forêt disparut pour faire place à des rues, des avenues, des lacs, des rivières, un champ de courses, un parc et une innombrable quantité de villas, grandes ou petites, luxueuses ou modestes, ayant les unes leur parc, les autres un simple jardin, où, souvenir du temps passé, on retrouve encore par-ci par-là quelques belles cépées de chênes.

L'Asile du Vésinet a été fondé en vertu d'un décret du 8 mars 1855; il était d'abord, comme l'Asile de Vincennes, destiné à recevoir, pour le temps de leur convalescence, des ouvriers parisiens sortant des hôpitaux; un décret du 28 août 1858 l'affecta spécialement aux femmes. Il fut solennellement inauguré le 29 septembre 1859.

L'Asile s'élève à l'extrémité sud-ouest du Vésinet. Ses jardins descendent jusqu'à la Seine; il occupe une superficie de 31 hectares entourés de murs. Sa grille d'entrée, sa cour

d'honneur fleurie, sa façade, forment, au bout de l'avenue
Princesse, qui traverse tout le pays, une agréable perspec-
tive. Construit par M. Eugène Laval, qui fournit les plans
et dirigea les travaux de l'Asile de Vincennes, celui du Vésinet lui ressemble dans ses grandes lignes. Comme son
aîné, il se compose d'un pavillon central accosté d'ailes
en retour et surmonté d'un dôme quadrangulaire ; comme
à Vincennes, l'architecte a employé la pierre et la brique
et les a mélangées harmonieusement. Un grand réfectoire

L'Asile du Vésinet.

occupe le rez-de-chaussée du bâtiment central ; la chapelle
et les promenoirs sont au premier étage ; les ailes renfer-
ment les logements des employés, la bibliothèque, dont les
volumes sont à la disposition des hospitalisées, les dortoirs,
l'infirmerie, etc.

Outre son parc, au fond duquel le regard peut embrasser
les jolis coteaux de Bougival et de Marly, outre un beau
verger qui lui fournit les fruits, la maison a de nombreuses
annexes répondant à tous les besoins : une vacherie, des
bains de vapeur et des bains sulfureux, une étuve de désin-
fection, une buanderie admirablement organisée, où quarante mille pièces de linge passent chaque semaine, enfin

aussi son cimetière, où l'ecclésiastique dénommé ici : *prêtre chargé du service religieux,* accompagne les morts.

Le jour où nous avons visité l'Asile, sous la conduite de son directeur, M. Cassiat, il renfermait environ trois cent trente convalescentes et une quarantaine de jeunes mères berçant ou allaitant leurs enfants dans le quartier spécial qu'elles occupent ou dans le jardin qui leur est exclusivement réservé. Combien, hélas ! après une vingtaine de jours passés à l'Asile, regretteront, en rentrant chez elles, le bon air, l'excellent lit, la nourriture salubre et l'exquise propreté qu'elles ont trouvés ici ?

Prenons maintenant l'avenue Princesse, elle nous conduit au cœur du pays, en face d'un temple protestant mirant son clocher aigu dans un petit lac ; nous sommes aussi dans le quartier aristocratique. Ici, on vit de ses revenus, comme cela se disait au dix-huitième siècle, nulle industrie ne s'exerce, aucun commerce n'ouvre boutique, nulle enseigne ne serait soufferte. Des propriétés entourées de grands parcs, comme la villa Stolz appartenant au commandant Hériot, ou la Mascotte, font bon voisinage avec de rustiques chalets ou des maisons de campagne de modeste allure ; le numérotage des immeubles est parfois tout ce que l'on peut voir de plus fantaisiste, mais le facteur et même l'étranger trouvent toujours le cottage qu'ils cherchent, car presque chacun d'eux a son nom. Ici, c'est la villa des Peupliers, là celle des Roses, ailleurs Binfield-House, Washington, la Favorite, Chesnut-House, etc., etc. De l'autre côté du chemin de fer, en se rejetant vers la gauche, on est dans le côté commerçant de la commune. De nombreuses agences se chargent de la vente et de la location des propriétés, là se rencontrent quelques cafés, une grande imprimerie, des boutiques d'approvisionnements de tout genre, un marché couvert, et enfin, sur une place, l'église Sainte-Marguerite, bâtie en fonte et béton agglomérés, construction sans style accusé, blanche au dehors, peinte et dorée avec profusion au dedans.

La mairie est sur la route du Pecq, à l'angle de l'avenue des Pages ; c'est une sorte de petit château carré avec porche, balcon et campanile; construit en 1879 par M. Gilbert, il s'élève au fond d'une cour sablée qu'avoisinent les écoles. Vous pourrez apprendre là que la commune compte à peu près 4 300 habitants, qu'elle renferme, dirigé par des sœurs, un orphelinat de jeunes filles créé en 1875 par M. de Naurois et la Société des Alsaciens-Lorrains, enfin une succursale de l'Institution de Sainte-Croix, de Neuilly, où l'on reçoit les très jeunes garçons.

Vers le nord-ouest, nous rencontrerons la région boisée encore, mais bien éclaircie; elle forme, entre Chatou, le Pecq et Montesson, un vaste triangle sillonné de nombreuses allées, coupé d'étoiles, dont un candélabre occupe le centre et renfermant, outre le grand lac, les petits lacs du Pecq et de Montesson, une rivière, une île aux bords défendus par des rochers factices, et enfin, auprès du grand lac, un hippodrome où les Parisiens se rendent généralement par la station du Pecq.

Par l'avenue des Pages, que nous quitterons à quelques pas du rond-point pour prendre un étroit sentier qui serpente sous bois, nous ne tarderons pas à atteindre le boulevard de l'Est; ici reparaissent les maisonnettes aux maigres jardins. Dans quelques années, le boulevard de l'Est ressemblera à l'avenue Centrale.

Montesson, Carrières-Saint-Denis, Bezons.

Montesson, que nous ne tardons pas à atteindre, diffère absolument du Vésinet; autant le dernier est jeune et riant, autant le premier est vieux et maussade. Presque partout vous verrez des fenêtres irrégulièrement percées sur des façades grises; en la plupart des maisons vous pénétrerez par des porches écrasés, ronds ou carrés, ouvrant sur des couloirs aux plafonds solivés qui mènent à des cours entourées de bâtiments vermoulus.

Gardons-nous de juger les Montessonnais sur l'apparence un peu triste de leur village; au dire de l'abbé Jarreau, qui écrivait en 1673, ils sont « gais, assez civils et spirituels,

mais surtout fort dociles, et, communément parlant, exempts
de mauvaises inclinations et d'une humeur assez pacifique ».
M. Louis Lebœuf, secrétaire actuel de la mairie, dans sa
Notice historique sur Montesson récemment publiée, assure
que « ses concitoyens n'ont pas dégénéré ».

Sans que l'on puisse l'affirmer, il paraît probable que Montesson fut originairement occupé par des tribus celtes et
gauloises, car des haches en silex ont été trouvées sur son
territoire; en tant que village, il apparaît dans l'histoire
vers la même époque que Chatou, c'est-à-dire au onzième
siècle. Comme Chatou. dont il dépendit longtemps, le pays
fut pillé par les Normands; comme lui, il eut ses seigneurs
dont M. Lebœuf a dressé une liste qui commence, en 1295,
par un certain Guillaume des Escus-au-Col, et finit en 1791
par Mme la marquise de Feuquières. Tous ces seigneurs ont
laissé bien moins de souvenirs à Montesson qu'une certaine
dame Étienne Ancelin, née Perrette Dufour, qui, mariée
le 26 février 1634, fut la nourrice du roi Louis XIV (1).
Mme Ancelin se montra libérale pour le petit pays et bien-
veillante pour ses. pauvres dont elle tenait volontiers les
enfants sur les fonts baptismaux ; elle fit réparer l'église,
alors consacrée à saint Cosme et à saint Damien, et la plaça
sous le vocable de Notre-Dame. Ce monument remonte en
partie au douzième siècle; mais le portail a été complètement refait en 1866 par M. Faullain de Bauville, architecte.
La partie la plus ancienne de l'édifice est la tour, surmontée
d'un clocher carré qu'achève une flèche. La première horloge que posséda Montesson fut posée dans le clocher le
20 septembre 1686; elle sonne l'heure sur la grosse cloche
et la demi-heure sur la petite.

Les 1600 « gais et spirituels » Montessonnais travaillent
à ces carrières de moellons, imposantes comme des constructions romanes, qui occupent la partie est du territoire de la commune, ou cultivent les pois, les asperges

(1) Mme Ancelin est morte à Paris, rue Barre-du-Bec, le 7 octobre 1688.

et les champignons que leurs charrettes amènent chaque jour à nos halles ; quelques-uns sont employés dans une usine métallurgique pour l'extraction de l'or du minerai, seul établissement industriel du pays. Sa seule curiosité, ou mieux son unique souvenir, est la maison de Mme Ancelin, que vous reconnaîtrez au balcon, très simple, d'une fenêtre de son premier étage; sur ce balcon, à ce que l'on

Carrières à Montesson.

assure, la bonne dame s'asseyait fréquemment pour donner le sein à son royal nourrisson. Dans les appartements de cette demeure, auxquels on accède par un vieil escalier dont la rampe en bois a été conservée, quelques poutres et des solives sont encore décorées de peintures mythologiques.

Au nord du village est la Tour, grande propriété ainsi nommée, à cause d'une vieille tour ronde, maintenant percée de fenêtres à persiennes vertes et recouverte d'un toit pointu terminé par une girouette.

Traversons la plaine qu'entoure au loin une suite de vertes collines, reconnaissons devant nous le mont Valérien

et la tour Eiffel, puis ramenant nos regards vers les premiers plans du site, nous découvrirons, auprès des champs
et des vignes qui nous entourent, une suite de toits alternativement noirs et rouges : ce sont les toits des premières
maisons de Carrières-Saint-Denis.

Carrières-Saint-Denis s'étage sur une colline au bord de
la Seine. Il fut, dit-on, fondé par l'abbé Suger et primitive-

Retable de Carrières-Saint-Denis.

ment habité par des serfs de l'abbaye de Saint-Denis ;
aujourd'hui son nom suffit à indiquer sa principale industrie. Ajoutons pourtant qu'il possède certains plants de
vignes dont le produit est assez estimé pour que le coteau
qu'ils dorent soit connu sous le nom de *Petite Bourgogne*.
L'église, vieille et tombant presque en ruine, est dédiée à
saint Jean-Baptiste ; elle n'a rien de remarquable, mais
possède une précieuse richesse archéologique. C'est un
retable du douzième siècle, le plus ancien que l'on connaisse, dit-on, et qui est d'une exécution vraiment curieuse ;
il est sculpté dans trois morceaux de pierre de liais ; la

partie centrale représente la Vierge et l'Enfant Jésus, les
deux autres l'Annonciation et le Baptême du Christ. Les
habitants de Carrières tiennent beaucoup à cette relique du
temps passé; ils ont refusé 5000 francs et un surmou-
lage que le musée de Cluny en a offerts. Cette somme
eût été pourtant facile à employer pour réparer l'église (1).
C'est, du reste, une habitude chez ces braves gens de dédai-
gner les marchés avantageux. Vous remarquerez peut-être,
en passant dans la Grande Rue, une vieille porte curieusement sculptée, tenant à peine sur ses gonds et s'abîmant de
jour en jour. Un amateur de curiosités a offert au propriétaire de la maison qu'elle ferme 200 francs et une porte
neuve; ses propositions ont été repoussées.

Le village a possédé jadis un château fort, et il est certain
que deux rois, Philippe le Bel et Philippe de Valois, y ont
séjourné, car on a conservé des ordonnances signées par
eux et datées de Carrières. Quelques vestiges de l'ancien
édifice sont visibles encore à l'extrémité du pays et dans
les cours de quelques maisons; la partie la plus importante
est une sorte de tour rectangulaire portant bien le cachet
des constructions du treizième siècle et dans laquelle il est
permis de supposer que se trouvait la chapelle.

Par la plaine, nous pourrions gagner Bezons en un temps
assez court; mais quitte à marcher pendant quelques minutes
de plus, nous reviendrons vers les bords de la Seine. Qui se
repentira jamais d'avoir erré sur les rives de notre cher
fleuve? Cette fois moins que toute autre nous ne saurions
avoir de regrets; car tout en remontant le fil de l'eau, nous
aurons sous les yeux, après avoir passé l'île de Chatou, la
verte île Saint-Martin et ses beaux rideaux de peupliers,
tout pleins de frémissements.

L'île s'achève en une pointe juste assez large pour porter
la tourelle écrasée qui sert de point d'appui au barrage de

(1) Selon M. Rohaut de Fleury, ce retable, classé parmi les
monuments historiques, aurait été fait pour la chapelle de
Houilles, dont la paroisse de Carrières dépendait au moyen âge.

Bezons ; ce barrage est une sorte de grande herse que le flot traverse en grondant et qu'il couvre de flocons d'écume. A quelque distance devant nous, l'eau reflète les piles blanches et les arches noires du pont de moderne construction qui relie Bezons et Petit-Colombes, le département de Seine-et-Oise au département de la Seine.

Éloignons nos regards de la silhouette triste que dessine, à notre droite, la prison départementale de la Nouvelle-France et reportons-les sur l'aspect plus riant du village où nous allons entrer. Il allonge au bord du fleuve son quai plein d'animation, et, derrière le clocher de son antique église, gravit la colline à grand renfort de rues montueuses se coupant à angles bizarres.

Le château de M. Huché, construction moderne, a fait disparaître, il y a peu de temps, les derniers vestiges de l'habitation quasi princière des Bazin ; il ne reste rien du pavillon de grande allure dont les balcons de fer forgé se renflaient si orgueilleusement devant les fenêtres à petits carreaux ; rien non plus de la belle ferme seizième siècle dont nous nous souvenons avoir admiré jadis les bâtiments noirs de vétusté et l'énorme colombier, jetant sur la basse-cour pleine de volailles gloussantes et chantantes l'ombre imposante de sa masse ronde et de son toit pointu. Un quartier neuf s'est ouvert sur les terrains du parc ; une mairie et des écoles ont été construites en 1883 par M. Petit, architecte, et dans des rues soigneusement alignées, toute une colonie de modestes rentiers a établi ses maisons sans caractère et ses jardins sans ombre.

Ces Bazin, dont le nom est venu sous notre plume, furent longtemps les seigneurs du pays, et tous de riches et puissants personnages. L'un d'eux, magistrat et littérateur, entra à l'Académie française en 1643, succédant à Séguier ; après Patru, il fut le premier membre de la Compagnie qui prononça un discours de réception. Un de ses fils, connu sous le nom de *maréchal de Bezons*, prit Landau en 1713, et, deux ans plus tard, fut appelé à siéger au conseil de régence. Un autre Bazin, frère du précédent, évêque d'Aix, et archevêque de Bordeaux, occupait le siège épiscopal de Rouen en 1715, lors de la mort de Louis XIV ; il fut, comme le maréchal, membre du conseil de régence institué pendant la minorité de Louis XV.

Dans la rue de Villeneuve, qui fait face au pont, nous remarquons, à gauche, l'ancien château de M. de Villeneuve, aujourd'hui occupé par le pensionnat de Notre-Dame du Calvaire, dirigé par des sœurs et comptant environ cent trente élèves ; à droite, l'église Saint-Martin au clocher particulièrement gracieux, et dont la plus curieuse partie est la petite chapelle que l'on voit auprès du chœur et qui contient quelques jolis fragments d'architecture du quinzième siècle.

Nous ne remonterons pas dans le passé de Bezons jusqu'au temps où l'on prétend que les rois mérovingiens y faisaient frapper leur monnaie ; ce souvenir est bien vague aujourd'hui pour les habitants du lieu ; il en est un plus récent et qu'ils évoquent volontiers. Une fois l'an, à la Saint-Fiacre, une bruyante cavalcade, costumée, masquée, composée du tout Paris du dix-septième siècle, envahissait le village, et les chansons, les ripailles, les danses, les rixes aussi, se prolongeaient bien avant dans la nuit, à la grande joie des cabaretiers. Cette mode est passée ; les Parisiens ne vont plus guère à Bezons, et les 2400 habitants du bourg célèbrent toujours solennellement et joyeusement la Saint-Fiacre, le 30 août. Le lendemain, les cultivateurs retournent à leurs champs, les ouvriers à leurs ateliers, car le pays est devenu industriel. Vous y verrez, entre autres établissements, l'usine Rattier, belle fabrique de caoutchouc et de fils télégraphiques.

Mais nous n'en avons pas fini avec le passé de Bezons ; regardez cette île qui mire son feuillage dans l'eau, au nord du pays. Si vous jetez les yeux sur une carte, vous verrez qu'on la nomme île Marante ; si vous demandez son nom à quelque habitant du pays, il vous dira : c'est l'île du Moulin Joli. La dénomination est pleine du parfum du dix-huitième siècle, et le souvenir qu'elle évoque est charmant. Rappelons-le en quelques mots.

Louis Watelet, receveur des finances de la généralité d'Orléans, peintre, sculpteur, graveur, écrivain à ses heures et dessinateur de jardins quand sa fantaisie lui apportait une bucolique inspiration, bâtit dans l'île un moulin et une luxueuse habitation; puis, voulant réagir contre la solennité de l'école de Le Nôtre, il créa un parc qui devait devenir le modèle de nos jardins anglais. Tous les rimeurs du temps ont chanté les charmes du Moulin Joli, et sa situation n'était

Château du Marais.

pas le moindre. On trouvait là, pourvu qu'on fût élégant et spirituel, accueil cordial, bon gîte, aimable société, et aussi toutes les distractions dites champêtres, bien que fort maniérées, que la plus exigeante imagination pouvait rêver. Des moutons bien peignés paissaient dans la prairie sous la surveillance de bergers coquettement vêtus ; des collines et des vallons factices accidentaient le terrain. On rencontrait successivement une ménagerie, une laiterie, une étable ; des ruisseaux, alimentés par l'eau qui jaillissait de rochers artificiels, serpentaient dans la verdure, passant sous des ponts ruinés, formant çà et là des torrents ou des cascades ;

on se reposait de la promenade sous des grottes ou à l'ombre des arbres entrelacés; et partout, c'était la mode en ce temps, on rencontrait des inscriptions sentencieuses, en vers ou en prose, chantant les louanges de cette existence conventionnellement villageoise. Tout cela nous paraît bien frivole aujourd'hui; mais en y réfléchissant un peu, il faut bien reconnaître que ces enfantillages avaient leurs séductions et que le Moulin Joli, qui eut l'honneur de servir de modèle à Trianon et à ses imitations, valait bien le Moulin Rouge.

Non loin de Bezons, vis-à-vis de l'île Marante et sur le territoire d'Argenteuil, est le Marais, hameau en formation qui doit son nom au château autour duquel il se groupe, envahissant le territoire du parc, magnifique autrefois, et maintenant morcelé. Le château, debout encore, mire sa jolie façade dix-huitième siècle dans un petit cours d'eau qui coule à sa base; de ses dépendances il reste encore une belle ferme et un jardin. Ce fut autrefois la maison de campagne des abbés de Saint-Denis; au siècle dernier, Mirabeau l'habita, plus tard il appartint à l'amiral Decrès.

Houilles, Sartrouville, Maisons-Laffitte.

Si nous quittons Bezons par le nord, nous entrons dans la plaine de Houilles, bien transformée, sans doute, depuis le temps où Henri III, Louis XIII et Louis XIV aimaient à y chasser le lièvre. Là aussi le roi Soleil passait en revue ces camps d'apparat dont Mme de Sévigné trouvait le faste tellement exagéré qu'elle les appelait « représentation des troupes du roi de Perse ». De son côté et à leur propos encore, Bussy-Rabutin déclarait, au mois d'août 1671, qu'au lieu d'exhiber or, argent, chevaux superbes et justaucorps magnifiques, on ferait mieux « d'avoir de bonnes troupes vêtues simplement ». Il ne manquait pas de bon sens, Bussy-Rabutin.

A l'entrée de la plaine, on voyait encore, il y a peu de temps, une croix de pierre portant le millésime de 1706. Quelques auteurs l'ont prise pour la *croix des dix chiens*, indiquant un lieu de repos pour les meutes et pour les piqueurs, et aussi la limite du territoire où la chasse était permise. Ils ont fait erreur ; cette croix, que de mauvais plaisants se sont amusés à briser une nuit, marquait la place où l'eau s'était arrêtée lors d'une grande inondation.

La plaine n'offre à présent à nos regards qu'une vaste nappe de champs cultivés, que domine à gauche le mont Valérien, qu'égayent à droite quelques bouquets de bois, et au bout de laquelle on aperçoit le lanternon du clocher de Houilles.

Houilles, *Holles* au douzième siècle, est un village agricole, qui s'agrandit grâce aux petits rentiers qui s'y sont établis depuis que le pays est desservi par le chemin de fer. Un certain Pierre d'Aunoy était seigneur du lieu en 1304, et les habitants fournissaient alors les vivres à la cour lorsqu'elle séjournait à Saint-Germain. Pierre d'Aunoy obtint sinon l'abolition de cette onéreuse redevance, du moins sa réduction à quatre charretées de foin par an.

Le centre du village est entièrement rempli par de rustiques constructions sans caractère ; de petites maisons de campagne s'élèvent autour et tendent à envahir la plaine ; le curieux n'a rien à voir ici. L'église, placée sous le vocable de saint Nicolas, est plâtreuse et insignifiante au dedans ; son clocher, construit de 1648 à 1651, est seul remarquable ; il se compose d'une tour carrée, percée d'ouvertures ogivales, surmontée d'une balustrade et terminée par une pyramide écrasée, soutenant un lanternon d'assez jolie forme.

En quittant Houilles, nous traverserons encore à peu près 3 kilomètres de plaine ; nous laisserons, à notre droite, les bois des Sablons et ceux du Val-Notre-Dame. Ces derniers, bien connus des chasseurs de lapins et de hérissons, cachent à leur ombre une chapelle où l'on fait chaque année, le dimanche qui suit le 8 septembre, un pèlerinage en commémoration de la Nativité de la Vierge. A cette occasion, en plein air et devant la chapelle ouverte, sont placées, pour les assistants, plusieurs rangées de bancs.

Cette cérémonie est suivie d'une fête champêtre, très appréciée pour sa franche gaieté et son charme patriarcal.

Quelques maisons de plaisance avoisinent la chapelle de

Notre-Dame du Val ; l'une d'elles n'est autre qu'un joli chalet russe que nous nous souvenons avoir vu à l'exposition de 1889, mais que son acquéreur a fait agrandir.

Cela dit, nous reprendrons notre marche et nous franchirons la ligne du chemin de fer par un passage à niveau auprès de la halte de Port-Sec, et, guidé par le clocher dont la flèche se détache sur le fond du ciel, au-dessus de la

Chapelle Notre-Dame du Val.

masse grise du village, nous atteindrons bientôt Sartrouville.

Sartrouville est de forme à peu près triangulaire ; l'une de ses pointes touche à la route que nous suivons, une autre au chemin qui conduit au Val-Notre-Dame, la dernière à la Seine, vis-à-vis du champ de courses de Maisons-Laffitte. Le pays est un vieux village de vignerons ; il est peuplé de bonnes gens laborieux, gais et sans plus de prétentions à l'élégance, que les maisons aux porches cintrés qu'ils habitent n'en ont au luxe. Les plus riches habitants de la commune ne dédaignent pas de passer la blouse sur leurs habits du dimanche, et ne croient point compromettre leur

dignité en dansant avec les pauvres dans la grande salle de
l'auberge. Certes, le vin que l'on récolte et qu'on boit ici ne
saurait être classé parmi les crus recommandables, mais il
est sain, naturel et pousse à la joie.

Placée sur le sommet d'une butte, l'église du pays, dédiée

Église Sainte-Marthe à Sartrouville.

à sainte Marthe, est un monument assez curieux. Pour l'atteindre, il faut gravir une série d'escaliers coupés de paliers.
La façade moderne a été réédifiée dans le style roman;
le clocher octogonal, percé de fenêtres à plein cintre, est
surmonté d'une flèche en pierre de très belle forme, qui a
dû être construite vers 1460. Les plus anciennes parties de
l'édifice sont le transept qui remonte au douzième siècle et
les trois nefs, non voûtées, plus jeunes d'environ cent années;
aux gros piliers supportant le chœur on remarque des chapiteaux ornés de têtes de guerriers et de chimères assez
curieuses.

L'église est promptement visitée, mais il est impossible
de ne pas séjourner pendant quelques instants sur la terrasse qui précède son portail. De là, le regard embrasse
une vue magnifique. A nos pieds, une rue du village, la rue
de l'Église, fuit jusqu'à la Seine, ligne grise entre deux
rangées de maisons noires qui, grâce à la déclivité du sol,
semblent se superposer les unes aux autres. Au bout de
cette sorte de couloir rit le fleuve, coupé à gauche en deux
bras par l'île de la Commune, que traverse, sur un pont
coquet, un train tout empanaché de vapeur. Au delà mou-
tonne la forêt de Saint-Germain. On distingue une éclaircie :
c'est le Vésinet ; une colline : c'est le Pecq ; une masse rose
et blanche, une ligne verte, c'est le château et la terrasse
de Saint-Germain. Vis-à-vis de soi, presque au premier plan,
au bout d'un pont, on voit tout le beau développement de
la façade postérieure du château de Maisons, et nous ne
savons combien de villas étagées sur la verte colline ; à
droite, au delà du fleuve transparent et paisible, les feuillages du parc apparaissent au-dessus d'une sorte d'oblong
tapis vert terminé par une tache rousse : c'est le champ de
courses et ses tribunes.

Quittons la terrasse, descendons cette rue de l'Église que
nous avons aperçue, croisons quelques paysannes court
vêtues, coiffées de marmottes, enveloppées de ces grands
tabliers qui se nouent non seulement à la taille, mais encore
aux jarrets ; ne cherchons là ni boutiques, ni jardins, les
premières sont rares, les seconds absolument absents.
Pourtant, sur le pignon fraîchement badigeonné d'une maison, brille une enseigne ; quelle industrie s'exerce ici ? Nous
nous arrêtons et nous lisons : *Georges Dallemagne, accordeur
de pianos.* Voilà, certes, un artiste qui doit travailler plus
souvent à Maisons que dans son village silencieux. Nous
en sommes là de nos réflexions et nous approchons de la
place Nationale (un carrefour qui est, à la place du Caire de
Paris, ce que celle-ci est à la place Vendôme), quand tout à
coup éclate un roulement de baguettes sur une peau d'âne.
C'est le tambour de ville qui lit à haute voix, et n'ayant que

nous pour auditeur, un arrêté du maire. Nous laissons le
digne fonctionnaire continuer sa marche vers le haut du
pays, et nous prenons la rue de Seine qui conduit au quai
et dont l'extrémité encadre ici une touffe de verdure, qu'un
grand peuplier domine de toute sa hauteur.

La berge atteinte, nous avons à nos pieds le fleuve ; sur
l'autre rive, le champ de courses ; à notre gauche, les cinq
belles arches en pierre du pont de Maisons et son tablier
garni d'un parapet en fonte ajouré.

Au commencement de ce siècle, c'était en bac qu'on traversait la Seine pour aller de Sartrouville à Maisons. En 1811,
on établit un pont en bois qui fut remplacé, en 1855, par
celui que nous allons franchir ; il a, comme nous l'avons dit,
cinq arches, et chacune d'elles a 28 mètres d'ouverture. Sa
construction fut dirigée par M. Tarbé de Vauxclairs, ingénieur
en chef, et M. Billaudel, ingénieur des ponts et chaussées.

Le joli village de Maisons-Laffitte, officiellement Maisons-
sur-Seine, est assez ancien, mais ne prit une certaine
importance que lorsque René de Longueil y eut fait construire, par François Mansart, le château dont nous apercevons d'ici la base dans l'herbe, les toits dans la verdure
et, au delà de larges fossés, la façade imposante.

Ce René de Longueil mérite que l'on dise quelques mots
de lui. S'il faut en croire Saint-Simon, il était d'une famille
bourgeoise habitant le village de Longueil, en Normandie ;
fils d'un huissier, René sut faire son chemin. Il prit le nom
de son lieu d'origine et prétendit descendre de ses seigneurs ;
successivement il devint membre et président à mortier
du Parlement, premier président de la Cour des aides, gouverneur du château de Saint-Germain, marquis de Maisons
et fut enfin surintendant des finances, position lucrative
qu'il ne garda qu'une année. Ce court espace de temps lui
suffit pour arrondir sa fortune déjà considérable ; les récla-
mations s'élevèrent nombreuses autour de lui, et il fut
remplacé par La Vieuville. Ce Normand ne manquait pas
d'une certaine philosophie ; congédié sur les instances de
ceux qu'il avait dépouillés, il dit en apprenant sa disgrâce :

23

« Ils ont tort, j'avais fait mes affaires et maintenant j'allais
faire les leurs. » Ainsi se comprenait la probité en 1651.

A cette époque, le château, commencé l'année précédente,
aurait pu demeurer inachevé, mais la fortune favorisait son
propriétaire; en réparant une maison qu'il possédait rue
des Prouvaires, un hasard amena la découverte d'une
cachette contenant quarante mille pièces d'or, enfouies là
sans doute au temps de la Saint-Barthélemy. Alors l'architecte et les décorateurs eurent carte blanche, et purent
donner libre essor à leur goût pour les ensembles gran-
dioses et les ornementations magnifiques.

Nous tenterions vainement d'entrer dans le parc par le
côté qui regarde le pont. Un rond-point précède la grille, un
pont est jeté sur le fossé; mais, pour pénétrer dans la propriété, il faut gagner la route de Paris, à l'extrémité de
laquelle s'en ouvrent les portes. Cette route de Paris passe
au-dessus du chemin de fer, près de la gare ; à son entrée,
à gauche, on a tout récemment inauguré une mairie dont
M. Dauvergne, l'architecte de Saint-Pierre de Neuilly, a
dressé les plans. Le bâtiment, qu'un jardin entoure, est de
forme carrée; nous y retrouvons le perron, la marquise, le
balcon, le cadran d'horloge et le campanile de tous les
édifices municipaux modernes.

La route de Paris, large, plantée de deux rangées de
beaux arbres, bordée de maisons neuves, est en quelque
sorte le boulevard du village. Là se concentre toute son
animation ; là sont le cercle, les grands cafés, la poste, les
loueurs de voitures, etc.

A son extrémité s'ouvre une grille reliée à deux pavillons
carrés, ornés de frontons, de pilastres et de pommes de pin.
Les avenues, bordées de riches habitations, sont séparées
par une vaste pelouse; une allée, que l'on trouve à droite,
mène au château. La cour d'honneur s'arrondit devant la
construction ; elle est ornée de bustes et fermée par une
grille dorée reliant deux pavillons en pierre de grand style.

Le château se compose d'un corps de logis central accosté
de deux ailes précédées de pavillons s'achevant en terrasse

à la hauteur du premier étage; les ordres dorique, ionique et corinthien se superposent harmonieusement dans l'ordonnance générale. Au sommet et au centre de l'édifice, un fronton triangulaire dessine ses vives arêtes sur le fond doucement bleuté des combles ; à l'arrière et au-dessus, un dôme surmonté d'un lanternon arrondit ses formes irréprochablement gracieuses et, sans rien enlever à la grande

Château de Maisons-Laffitte (côté de la Seine).

majesté des lignes, couronne coquettement l'édifice. La façade qui regarde la Seine est conçue dans le même esprit que celle-ci, mais en diffère un peu par les détails. Dans les dépendances du château sont une grande ferme, un magnifique verger ; de vastes pelouses s'étendent entre de larges avenues et, dans les massifs, on rencontre encore quelques statues.

La décoration intérieure était aussi riche qu'artistique au temps de la splendeur de Maisons; on remarquait dans le vestibule deux grilles en fer poli; l'une était l'œuvre d'un serrurier français, l'autre d'un Allemand; elles étaient d'un travail si précieux que l'on avait coutume de les enfermer dans des volets de bois. La salle à manger était décorée de

statues mythologiques dues à Houdon, à Boizot, à Clodion
et à Faucon. Partout dans les appartements, on rencontrait
des tapisseries exécutées d'après les dessins d'Albert Durer
et de Jordaens ; tous les meubles étaient des œuvres d'art ;
sur les panneaux et les dessus de porte alternaient de
grandes compositions et de fines peintures en camaïeu. Que
reste-t-il de toutes ces richesses? Rien, ou à peu près rien.
Comment se sont-elles dispersées ? On l'ignore. Le château,
il est vrai, a eu bien des propriétaires depuis les Longueil,
quoiqu'il soit assez longtemps resté dans leur famille. Pré-
sidents de Parlement de père en fils, les marquis de Maisons
furent, il faut le reconnaître, généralement gens de mérite,
grands amis des arts, et s'intéressèrent efficacement, parfois,
aux progrès et aux découvertes. L'un d'eux, Jean-René, fut
membre de l'Académie des sciences ; il cultiva, dans son
domaine, des caféiers dont, au dire de Fontenelle, le fruit
égalait en parfum le plus fin moka; il chercha aussi la composition du bleu de Prusse ; il renouvela, sur la lumière,
les expériences de Newton et composa un cabinet de mé-
dailles fort curieux pour le temps.

A côté de ces souvenirs, le château de Maisons peut en
rappeler d'autre sorte. Le 18 août 1671, jour de la mort du
duc d'Anjou, la famille royale et la cour vinrent l'habiter;
il appartenait alors au marquis de Soyecourt. Plus tard, Vol-
taire en fut l'hôte; il faillit y mourir de la petite vérole, et
l'on prétend qu'il s'inspira de la magnificence de l'œuvre de
François Mansart quand il décrivit *le Temple du Goût :*

> Simple en était la noble architecture;
> Chaque ornement, à sa place arrêté,
> Y semblait mis par la nécessité ;
> L'art s'y cachait sous l'air de la nature ;
> L'œil satisfait embrassait sa structure,
> Jamais surpris et toujours enchanté.

En 1778, le comte d'Artois acheta Maisons ; dès lors, des
appartements particuliers furent réservés à Louis XVI et à
Marie-Antoinette, à qui ce luxueux séjour plaisait beaucoup.

Confisqué, lors de la Révolution, comme bien d'émigré, le château fut donné par Napoléon au maréchal Lannes, duc de Montebello. En 1820, le banquier Jacques Laffitte l'acheta et, dès qu'il en fut possesseur, commença ce morcellement du parc auquel on doit la création de la partie neuve du village. A l'appel de Laffitte, une foule de colons répondirent ; les maisons de campagne, les coquets chalets apparurent en foule au milieu des taillis. Talma, Audry de Puyravau, le prince de la Moskowa et Lablache, furent les premiers acquéreurs des terrains mis en vente. Pourtant l'ère de prospérité de la colonie ne date réellement que de l'an 1843, époque où fut inauguré le chemin de fer de Paris à Rouen, dont Maisons est une des stations. Si nombreuses que soient aujourd'hui les habitations qui bordent la plupart des allées du parc, il reste encore des terrains à vendre, et tout fait prévoir que la population du pays continuera à s'accroître. Remarquons-le, à côté des riches bourgeois, qui jadis habitaient le pays, beaucoup d'artistes dramatiques et autres sont maintenant venus se loger à Maisons. Quant au château, il appartient à M. Grommé.

Quoique bien réduit, clos de murs et ne communiquant plus, comme jadis, avec la forêt de Saint-Germain, le parc offre encore au touriste de fort agréables promenades.

On peut, en quittant le château, remonter jusqu'au fond du domaine et visiter sa partie est ; on aura alors sous les yeux, à droite, le champ de courses, sa pelouse, ses hauts peupliers, sa grille d'entrée, ses tribunes et son buffet ; à gauche, le regard pourra s'égarer dans de belles avenues aboutissant à des étoiles. Près du mur qui borde la propriété, au nord, on trouvera le pavillon Églé ; puis revenant sur ses pas, suivant les allées, traversant les carrefours, on aura, abstraction faite de quelques belles pelouses et de quelques fontaines à vasques et à jets d'eau rencontrées çà et là, un avant-goût du spectacle dont on jouira tout à l'heure dans la forêt. Si la grille qui met le parc en communication avec la forêt n'était maintenant close, on pourrait entrer dans celle-ci par la route des Pavillons, et l'on se

trouverait presque aussitôt au carrefour des Pétrons. Mais
la grille est fermée, et il faut absolument regagner notre
point de départ. Ne nous plaignons pas trop, toutefois, de
notre séjour prolongé dans le parc. Si nous y sommes
entré vers midi, nous avons joui du charme de sa soli-
tude ; si nous en sortons vers deux heures, nous y croi-
serons tant d'élégants promeneurs et de jolies promeneuses,
que nous nous croirons volontiers transporté soudain au
jardin des Tuileries.

En quittant le parc, nous nous dirigerons vers la forêt, et
sur notre chemin nous rencontrerons l'église Saint-Nicolas,
construction moderne conçue dans le style roman. Le centre
de la façade est occupé par une tour massive ayant pour
base un porche à trois ouvertures et s'achevant en flèche
ardoisée. La toiture est recouverte de tuiles de couleurs
diverses, un peu criardes selon nous ; leur disposition
forme des dessins rappelant trop ceux d'un tapis. L'architecte s'est évidemment inspiré de la couverture de notre
chapelle des Arts-et-Métiers, mais il n'a pas su l'imiter en
ce qu'elle a d'harmonieux pour l'œil. L'intérieur se compose
d'une nef, de deux collatéraux et d'un chœur sous voûte
formant abside ; la chaire s'abrite entre un piédestal et un
abat-voix en pierre, tous deux d'un beau dessin. Dans la
chapelle des fonts baptismaux s'élève, à la mémoire de
M. Placet, curé de la paroisse, mort en 1888, un gracieux
monument dont la décoration principale est le médaillon
du prêtre, haut-relief d'une très belle expression, œuvre de
M. Gustave Germain. L'architecte de cet édicule est M. Granet,
à qui l'on doit aussi la construction de la sacristie.

Auprès de Saint-Nicolas sont les réservoirs de la Compagnie des Eaux de Maisons ; l'un de ces grands cylindres noirs
se dresse vers le ciel comme une tour ; l'autre, plus large
et moins haut repose, sur une construction en briques égayée
par toute une suite de fenêtres garnies de rideaux blancs.
Malgré soi, on pense à la grande fraîcheur que doivent res-
sentir les bonnes gens qui vivent et dorment sous cette
énorme masse de liquide.

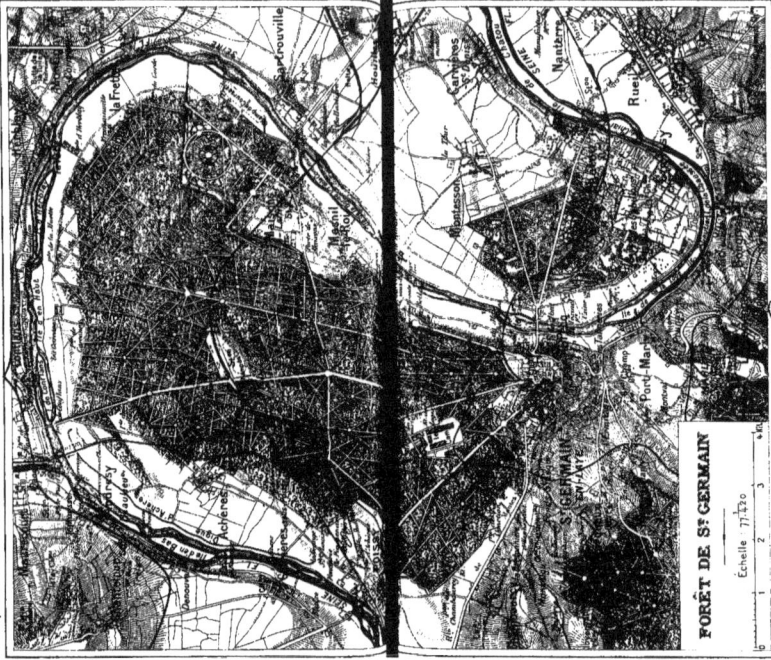

FORÊT DE ST GERMAIN

Échelle 77120

0   1   2   3   4 k.

Environs de Paris.

Les Mages d'un Tournier en France.

A. HENNUYER, ÉDITEUR.

Dressé par E. Morieu.

Forêt de Saint-Germain, Achères, Mesnil-le-Roi.

Nous sommes maintenant à quelques pas de la forêt; la carte que vous avez sous les yeux vous en montre la configuration exacte. Vous voyez qu'elle couvre, à bien peu de chose près, tout le territoire de la presqu'île que forme la Seine entre le Pecq et Poissy. Sa superficie est d'environ 4400 hectares, et les routes admirablement entretenues qui la sillonnent formeraient, mises bout à bout, une longueur de 1520 kilomètres. Ne craignez rien, nous n'avons pas la pensée de vous faire accomplir ce long voyage; nous vous mènerons aux endroits curieux par les voies les plus directes, vous laissant libres, au cours des promenades que vous ferez, de vous aventurer plus loin que nous, si quelque site vous tente, si quelque coin ombreux vous attire.

Tout en allant vers le château de la Muette par la route des Pavillons, nous allons causer du passé de la forêt. Si nous remontions de vingt siècles en arrière, nous la trouverions sombre et mystérieuse. Sous ses ombrages nous apercevrions fréquemment la tache grise d'un dolmen(1); dans ses sentiers nous verrions passer la haute figure d'un druide se rendant à quelque sacrifice. Mais ne nous arrêtons pas à ces vieux souvenirs.

Il est certain que, bien que peu fréquentée, la forêt fut, dès les premiers temps de la monarchie, traversée par de nombreux chemins; originairement étroits pour la plupart, ils n'étaient que ces *laies* auxquelles le lieu a dû son surnom. Au temps de Charlemagne, l'abbaye de Saint-Germain des Prés possédait une partie de ces bois qui n'avait pas moins de 3 lieues de tour. Au onzième siècle, un petit couvent, placé sous l'invocation de saint Germain, s'établit dans

---

(1) Ces monuments druidiques étaient nombreux dans la forêt de Saint-Germain; on en a découvert à de grandes profondeurs, car le sol s'est beaucoup exhaussé depuis le temps où ils avaient été édifiés.

la Forêt; il y végéta longtemps, mais incendié par le prince Noir, il ne se releva pas de ses ruines.

La première grande route qui s'ouvrit à travers les fourrés est celle qui relie Poissy à Saint-Germain; sa création est due à la reine Blanche. Sur cette route, quatre gens d'armes furent foudroyés pendant le violent orage de juillet 1390. Cette tempête n'est pas la seule dont on ait gardé le souvenir. Au mois de juillet 1405, la reine Isabeau de Bavière et le duc d'Orléans faillirent périr au milieu d'un ouragan qui se déchaîna sur la forêt et déracina ses plus beaux arbres. Au mois de septembre 1408, un orage éclata encore; quand il fut apaisé, non sans avoir causé d'irréparables dégâts, on put, dit-on, ramasser des grêlons aussi gros que des œufs d'autruche.

François Ier et Henri II s'occupèrent beaucoup de la forêt; le premier y fit tracer un grand nombre de routes; le second y créa la faisanderie, voisine encore de l'étoile de Vignoles. C'est dans les bois de Saint-Germain que s'embusquèrent, le 10 mars 1574, les cinquante hommes embauchés par La Môle et Coconas pour enlever le roi Charles IX, alors au château de Saint-Germain, et favoriser les projets du duc d'Alençon; c'est encore là que Henri IV faillit être assassiné par une bande de voleurs en 1594, car, nous ne l'avons pas dit mais vous l'avez deviné, cette promenade, si sûre aujourd'hui, fut longtemps un lieu redouté des voyageurs.

Louis XIII, grand chasseur, on le sait, fit beaucoup et pour l'entretien de la forêt et pour la sécurité de son parcours; son successeur l'agrandit et en multiplia les routes. Aujourd'hui elle est très giboyeuse; cerfs, daims, chevreuils bondissent dans ses fourrés, et les chasses sont agréables sur ce terrain sec, sablonneux et inaccidenté. Les principaux arbres que vous y rencontrerez sont les chênes, les ormes, les charmes, les châtaigniers, les bouleaux et les érables. Parmi les routes qui la sillonnent, il faut citer, soit pour leur beauté, soit pour leur utilité, la route de Poissy, dont nous avons parlé déjà; l'avenue des Loges, bordée de contre-allées où s'alignent quatre rangées de beaux arbres, et qui mène du château à la maison d'éducation; la route de Pontoise, qui prend naissance sur la précédente, court vers le nord en passant par l'étoile du chêne Saint-Fiacre, par celle des Chasseurs, par la croix de Noailles, traversant celle de Saint-Simon, à quelques pas du champ de courses et de la gare d'Achères, et ne s'arrêtant qu'à l'extrémité de la forêt, au bas du pont de Conflans. Citons encore la route de Poissy

Carrefour de la Muette.

à Maisons qui traverse l'étoile de Frontenac, celle de la Babiaute, la croix de Noailles et l'étoile des Amazones; enfin, un beau chemin encore qui, partant de l'étoile des Neuf-Routes, traverse la forêt dans toute sa longueur et meurt avec elle sur les bords de la Seine, entre les îles d'Herblay et d'En-Haut, après avoir passé devant les châteaux du Val et de la Muette.

C'est en 1515 que le château de la Muette sortit de terre au milieu des fourrés de la forêt de Saint-Germain; il était alors entouré de fossés, flanqué de tourelles, et couronné par une terrasse couverte où l'on jouait à la paume. En 1530, Fran-

çois Ier fit ajouter une chapelle et des écuries aux constructions existantes. Le séjour de la Muette plaisait fort à ce
prince; il y était en société joyeuse, le 12 mars 1547, quand
il ressentit les premières atteintes du mal qui devait l'em-
porter. Nous avons vu, au château de Rambouillet, la chambre où l'on prétend qu'il rendit le dernier soupir.

Longtemps abandonné, le château fut réparé sous Louis XIII,
et la chapelle rebâtie fut consacrée en 1630. Pourtant, il
faut croire que les travaux exécutés avaient été assez négli-
gemment faits, car, dès 1666, l'édifice menaçait ruine, et
sur les conseils de M. de la Rose, maître particulier des
eaux et forêts, Louis XIV le fit abattre. On conserva la serrurerie et la menuiserie de la chapelle, et l'on en fit don au
couvent des Loges. Sur une partie de l'emplacement du
château de François Ier, Louis XIV fit édifier un simple
pavillon que son successeur orna d'un belvéder.

Ce pavillon s'élève au milieu du carrefour qui porte son
nom; il est de forme rectangulaire, tout blanc sous son toit
gris, et les vitres de son belvéder rient dans la lumière. Une
maison de garde et une ferme pleine des criailleries joyeuses
d'une basse-cour bien peuplée lui font un agréable voisinage. Le lieu est plus intéressant par les souvenirs qu'il
permet d'évoquer que par le spectacle qu'il offre. C'est maintenant une propriété de l'État qui le loue avec une chasse
voisine.

Quittons le carrefour de la Muette par la route Neuve et
nous arriverons bientôt au carrefour de la Demande. Une
large tache noire et fumeuse troue ici la verdure; des bruits
de roulement et des éclats de sifflets de vapeur troublent le silence; l'activité humaine se substitue au calme imposant de
la nature; nous sommes à la gare d'Achères et tout près du
champ de courses de Saint-Germain, hippodrome de moindre
étendue et de moins jolie conformation que celui de Maisons-Laffitte.

Un chemin direct part de la gare et à travers plaine
conduit au village d'Achères. Au risque de marcher un peu
plus longtemps, nous préférons ne point quitter la forêt

encore; par la route de la Demande et l'étoile du Loup, nous gagnons la route de Pontoise qu'il nous suffit de remonter un peu pour arriver à la croix du Maine.

Ce petit monument, une croix sur un piédestal, fut élevé en l'honneur du duc du Maine, fils de Louis XIV et de Mme de Montespan. Très abîmé sous Louis-Philippe, il fut l'objet d'une réparation complète; fort triste aujourd'hui, il semble

Achères.

en implorer une encore. Redescendons un peu vers le midi, gagnons l'étoile d'Andresy, celle du Maine, celle d'Achères, et, sur la lisière du bois, après avoir fait quelques détours par des sentiers ombreux, nous trouverons le gentil pays dont notre gravure vous représente fidèlement le pittoresque aspect.

Achères groupe ses petites maisons aux toits pointus, aux pignons gris et quelques belles demeures dans une plaine qui s'étend entre la forêt et la Seine, et où Louis XV aimait à passer des revues. L'une des plus importantes propriétés est celle qui, au bout de l'avenue Paquet, présente avec des airs de château sa blanche, trop blanche, façade à trois corps, et laisse fuir les regards dans les profondeurs d'un fort beau parc.

Ce petit pays est fort ancien; il dépendait autrefois de la paroisse de Saint-Michel, église de ce village des Gavennes, situé à 6 kilomètres du pays, où l'on a découvert, il y a quelques années, les restes d'un ancien cimetière contenant un certain nombre de monuments d'une haute antiquité.

Achères a son église depuis le commencement du douzième siècle; on suppose qu'elle a dû être bâtie par les Anglais. Elle est placée sous l'invocation de saint Martin, et s'élève au milieu du village qu'elle domine de toute la hauteur d'une pyramide de pierre qui termine son clocher. On pénètre à l'intérieur par un petit porche sous lequel ont lieu les cérémonies des baptêmes.

L'église Saint-Martin a été plusieurs fois réparée; la dernière réfection ainsi que l'addition d'un bas côté sur la droite de la nef datent de l'année 1876. Le chœur n'a subi que d'insignifiantes modifications et demeure la partie la plus intéressante de la modeste église; il porte bien en ses ogives peu accusées encore, le caractère des constructions religieuses telles qu'on les comprenait au commencement du treizième siècle. Sur l'une des murailles de l'édifice, nous trouvons une pierre tombale frappée d'armoiries; c'est celle de Jacques de Boisadan, gentilhomme breton, mort à l'âge de quatre-vingt-deux ans, après avoir été curé de la paroisse pendant soixante années, de 1648 à 1708. Cette pierre, brisée pendant la Révolution, a été retrouvée dans une habitation voisine; on en avait fait une plaque de cheminée.

La population d'Achères est d'environ 800 habitants, à peu près tous cultivateurs; elle s'augmente sensiblement quand, la belle saison venue, une foule de citadins s'y installent pour passer l'été. Quant au bourg, il est en tout temps fort animé, grâce au voisinage de la gare où se rencontrent les lignes de Mantes, de Pontoise et de Grande-Ceinture.

Nous quittons le pays en jetant un regard sur le coteau verdoyant où Chanteloup étage ses blanches maisonnettes, et, remettant à plus tard notre visite à ce joli pays, nous rentrons dans la forêt.

Tout à l'entrée, nous rencontrons un crucifix de fer placé sur un piédestal, et sur le fût de ce dernier nous relevons l'inscription suivante :

CETTE CROIX A ÉTÉ ÉLEVÉE
PAR M. L'ABBÉ DUPONT
CHANOINE HONORAIRE D'ÉVREUX, CURÉ D'ACHÈRES
DEPUIS CINQUANTE-DEUX ANS
EN ACTIONS DE GRACES DE CE QUE LA PAROISSE
A ÉTÉ PRÉSERVÉE DU CHOLÉRA EN 1849
ACHÈRES, 19 AVRIL 1857.

La route court devant nous entre les arbres; de loin en loin on rencontre une ouverture carrée ou une arcade supportant une voie ferrée ; les talus jaunes fuient à droite et à gauche dans le feuillage, tachant le fond vert de disques rouges ou blancs. De-ci de-là on croise des routes réservées pour l'entraînement et dont le sol foulé trace un sillon brun sous les taillis ; parfois, au bout d'un carrefour illuminé de la blancheur des troncs de bouleaux, apparaît, formant berceau, une longue allée qu'un point lumineux termine au loin. De la route que nous suivons se détachent des chemins qui mènent, l'un à Chambourcy, l'autre à Maisons; mais allant droit devant nous, nous arrivons bientôt à l'étoile Saint-Joseph. Au chêne du même nom est attachée une sorte de petite lanterne renfermant une statuette et portant cette inscription: *Saint Joseph, priez pour nous;* devant nous s'étend un long mur blanc chaperonné de rouge, c'est le mur des Loges.

De la maison, nous ne voyons d'abord qu'un grand bâtiment blanc et plat, couvert d'un toit gris et percé de nombreuses fenêtres régulièrement espacées: c'est quelque chose de plus propre qu'une caserne et de moins triste qu'un couvent. Faisons quelques pas encore, et, au fond d'un rond-point, nous verrons la façade principale de l'institution. Un pavillon percé d'une porte ronde, d'architecture fort

simple, porte cette inscription à son fronton que surmonte
un drapeau : *Maison d'éducation de la Légion d'honneur,
deuxième succursale.* Une grande construction, semblable à
celle que nous avons aperçue déjà, s'étend derrière ; à
l'ouest, ses fenêtres sont les unes grandes ouvertes, les autres
hermétiquement closes par des persiennes grises. Cette
partie fait suite au corps de logis principal; il est bas,
accosté de deux ailes, et laisse apercevoir au-dessus de lui le
petit clocher carré, gris et jaune, à toit aigu, qui couronne

Les Loges.

la chapelle. Derrière les murs que le lilas violace de ses
grappes, on entend, c'est l'heure d'une récréation sans
doute, le bruit charmant d'une foule de voix enfantines,
jeunes et fraîches; soudain, le silence devient complet, un
son argentin a traversé l'air, c'est la cloche qui rappelle les
élèves à l'étude.

Reposons-nous un instant à l'ombre d'un des arbres sécu-
laires entourant la pelouse qui s'étend devant la maison, et
rappelons en peu de mots son histoire.

Les Loges n'étaient originairement, et ainsi que beaucoup
de lieux qui portent la même dénomination, qu'un groupe
de cabanes de bûcherons. On assure que les premiers Capé-
tiens y eurent une résidence, et dès le commencement du

quatorzième siècle, on y constate la présence d'une chapelle dédiée à saint Fiacre, le patron des jardiniers. Cette
chapelle et le manoir dont elle dépendait furent détruits par
les Anglais en 1346; l'église, réédifiée, existait encore au
seizième siècle, mais elle était à peu près abandonnée. C'est
alors que René Puissant, longtemps compagnon du roi
Henri IV, demanda et obtint la permission de s'y retirer pour
vivre en ermite. Cette permission fut confirmée par Louis XIII
en 1615, et ce roi, dans ses promenades, prit l'habitude de
visiter le solitaire; la cour suivit le monarque, la réputation
de René Puissant alla grandissant, les pèlerinages aux
Loges devinrent de mode. Faisons observer, toutefois, que
la messe n'y était dite qu'à de rares intervalles, et par un
prêtre qui ne résidait pas à l'ermitage.

Les augustins déchaussés, bien connus sous le nom de
Petits-Pères (1), s'entendirent avec René et le chapelain en
1626, le premier leur céda son mobilier et son habitation,
le second consentit à leur laisser célébrer les offices moyen-
nant une part du casuel et un logis assuré. Les augustins
se transportèrent aux Loges, bâtirent deux maisons de bois,
une pour leur supérieur, une pour les moines, et s'enrichirent bientôt, grâce à de nombreuses aumônes (2). Mais un
événement imprévu vint mettre le comble à la prospérité de
leur monastère; Anne d'Autriche, quand naquit Louis XIV,
chercha tous les moyens de prouver sa reconnaissance à
Dieu. Dans sa joie, elle fit pour les augustins, qu'elle affectionnait beaucoup, les frais de construction d'un couvent
dont la première pierre fut posée en son nom par Claude de
Saint-Simon, le 6 juillet 1644. A l'extrémité du potager, la
reine s'était réservé un pavillon que Talon, secrétaire du

(1) Nous avons raconté l'origine de ce sobriquet dans notre
volume sur *Paris*, deuxième promenade.

(2) Le vieux René, ainsi que le chapelain, étaient entrés dans
l'ordre des augustins, mais l'austérité de la règle ne tarda pas à
fatiguer le premier; il reprit sa vie d'ermite aussi frugale que
celle des Pères, mais plus indépendante, et mourut aux Loges
le 24 mai 1636.

cabinet, occupa en 1670, et où le duc de La Rochefoucauld venait tous les ans faire sa retraite de la semaine sainte.

En 1652, la confrérie de Saint-Fiacre obtint l'autorisation de s'établir dans l'église des Loges. A partir de ce moment, elle fut le but d'un double pèlerinage ; l'un avait lieu le 5 août, jour de la fête de saint Étienne, l'autre le 30 du même mois, jour de la Saint-Fiacre. La fête des Loges devint dès lors une solennité champêtre annuelle. L'administration du couvent, d'abord confiée à des supérieurs qui restaient en fonctions pendant deux années et pouvaient être réélus, passa en 1670 entre les mains d'un prieur. Jean-Charles Levacher, qui fut le dernier de ces dignitaires, mourut le 28 mai 1790, et fut enterré sous le porche de l'église ; avec lui finit l'histoire du monastère. Les bâtiments abandonnés furent employés, en 1794, à l'établissement d'une poudrière.

La fête des Loges, qui se célèbre le premier dimanche après la Saint-Fiacre, n'avait rien perdu de ses attraits pour la population parisienne ; plus n'était question de piété, mais les chants, les danses, les repas champêtres et les spectacles forains faisaient, pendant trois jours, frémir les échos de la forêt. Quand la poudrière fut installée ; on choisit dans le bois un autre lieu pour ces bruyantes réunions, et elles ne s'interrompirent point. Nous avons décrit ailleurs la fête de Neuilly ; ici même, dans des pages précédentes, celle de Saint-Cloud ; nous ne ferons pas, pour la troisième fois, le tableau de ces réjouissances bien connues, un peu les mêmes partout, et dont la seule particularité, ici, est le magnifique cadre qui les entoure.

Notre gravure représente une des allées qui mènent à la maison dont nous venons de parler ; le grand chêne connu sous le nom de *chêne des Loges,* et qui a été récemment abattu, marquait le point où devait s'arrêter la fête, qui a toujours lieu chaque année pendant les trois premiers jours du mois de septembre.

Un pensionnat succéda à la poudrière ; puis, en 1811, le gouvernement acheta les bâtiments pour y recevoir gratuitement de jeunes orphelines, filles de légionnaires, et dont

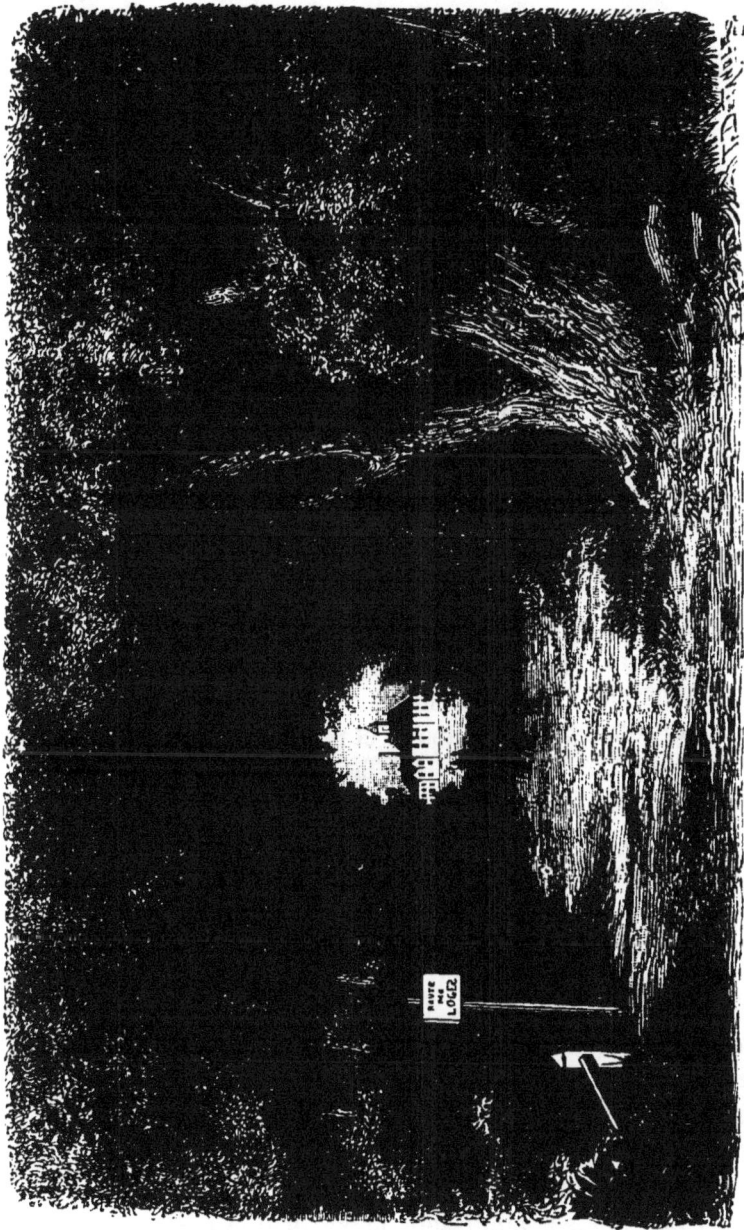

ALLÉE DE LA FORÊT CONDUISANT AUX LOGES.

DESSIN DE BRETON.

l'instruction fut confiée aux religieuses de la congrégation de la Mère de Dieu. Supprimé le 19 juillet 1814, l'établissement fut rouvert sur les mêmes bases et sous la même direction, le 27 septembre suivant. C'est alors qu'il prit le titre de *Succursale de la Maison de Saint-Denis*, que le second Empire lui a conservé. Lorsque, dans un précédent ouvrage, nous avons parlé de la Maison de Saint-Denis, nous avons fait observer que les règlements édictés lors de la fondation des Maisons de la Légion d'honneur n'avaient point été modifiés depuis. Un décret rendu au mois de septembre 1890, sur la proposition du grand chancelier de l'ordre, apporte au programme des études toutes les améliorations désirables. C'est ainsi qu'aux Loges, puisque nous ne parlons en ce moment que de cette maison, les élèves préparées au cours élémentaire de l'instruction primaire apprendront, en outre, le dessin industriel, la broderie, la coupe et la confection des robes. A leur sortie de l'institution, les jeunes filles seront donc capables de se créer des ressources. Il y a là un progrès accompli, et nous sommes heureux de le constater.

Reprenons notre marche. Sous les hautes ramures, le sol fuit, couvert d'herbes et de fleurs, et prend cet aspect bleuté qui a tant étonné jadis dans les tableaux de Sisley. Nous ferons un léger crochet vers le sud pour voir la mare aux Canes, une des rares pièces d'eau que l'on rencontre dans ces terrains sablonneux ; mais ici nous éprouverons une légère désillusion : la mare aux Canes est maintenant inaccessible ; autour d'elle, on fait des plantations de hêtres et de frênes. Heureusement, à deux pas, nous pouvons nous arrêter devant la mare à la Douzaine, d'où nous reviendrons à l'étoile du Bon-Secours. Un pin, entouré d'une palissade, en occupe le centre ; au bout de la route que nous avons suivie, entre quatre bancs de pierre, se dresse un vieux chêne dont le tronc supporte encore une logette renfermant une statue de la Vierge ; des couronnes et des images sont attachées au-dessous. Les images jaunissent et se déchirent ; les couronnes sont en perles et résistent aux intempéries.

Une belle et large avenue, plantée de beaux arbres, que

nous suivons ensuite, non sans avoir volontairement fait
quelques détours par de jolies allées pour la gagner, nous
permet d'apercevoir, avant de l'atteindre, derrière la grande
grille qui clôt sa cour d'honneur, la belle façade du château
du Val. Le corps de logis principal a deux étages d'une belle
élévation; il est d'une architecture simple, avec un mélange
de gravité et de coquetterie très habilement harmonisé. Si

La mare à la Douzaine.

nous pénétrons dans la propriété, qui n'a pas moins de
15 hectares de superficie, nous rencontrerons successivement un chalet suisse renfermant la vacherie et la laiterie,
un ancien puits avec manège, toute une série de serres magnifiques : serre aux orchidées, aux palmiers, serre de potager, de sevrage, etc. Un jardin d'hiver, un parc admirable,
des terrasses d'où l'on jouit d'une vue superbe, complètent
les attraits de ce séjour princier.

Le Val, sous Henri IV, n'était qu'un rendez-vous de chasse;
Louis XIV le fit reconstruire sur un plan nouveau, et Mansart,
chargé d'exécuter les travaux, donna au petit castel ce ca-

ractère majestueux qu'il savait imprimer à toules ses créa-
lions. Louis XV, en 1747, eut la pensée d'offrir la propriété
à Mme de Pompadour, mais il changea d'idée ; les travaux
d'agrandissement qu'il avait fait commencer furent abandonnés, et le château fut vendu au comte de la Marck ; il
passa ensuite au maréchal de Beauvau, qui agrandit le
jardin et embellit les terrasses. Champfort raconte que la
du Barry eut un jour la fantaisie de visiter cette demeure,

Château du Val.

alors en grande réputation, et que la « hautaine » maréchale
lui fit les honneurs de sa maison, non toutefois sans lui
laisser deviner le peu d'estime qu'elle avait pour sa personne. En ces derniers temps, le Val appartenait à Mme Benoît
Fould. La propriété est située, pour une partie, sur la commune de Saint-Germain ; pour l'autre, sur celle de Mesnil-
le-Roi.

Remontons la route de Brancas, nous arriverons bientôt à
la porte de Mesnil-le-Roi, et nous pourrons rendre une visite
rapide au petit village. Il compte environ 750 habitants et
n'a rien de curieux que son église, bâtie en 1587 par un

seigneur du lieu, et une fort belle propriété dont le parc longe la forêt. A Mesnil-le-Roi on conserve le souvenir de l'inépuisable bienfaisance de Littré, qui, pendant longtemps, demeura dans l'une des plus modestes maisons du bourg.

A 600 mètres environ, sur la route qui mène à Carrières-sous-Bois, on rencontre le coquet pavillon de Vaux, qui n'est pas, comme on l'a prétendu, la maison natale de François Ier. C'est aujourd'hui une maison de campagne :

Pavillon de Vaux.

c'était, au seizième siècle, un dépôt des équipages royaux, quand la cour était au château de la Muette.

Carrières-sous-Bois, écart de la commune de Mesnil, n'est qu'une rue tortueuse habitée par des cultivateurs et des carriers. Des carrières, dont vous verrez les nombreuses ouvertures et les couloirs sombres fuyant au loin sous la forêt, on extrait de la pierre à bâtir. Auprès de Carrières, sur le bord de la Seine, est une pompe à feu qui fournit l'eau au parc et aux jardins du château du Val.

Laissant derrière nous le petit hameau, nous entrons à Saint-Germain par la grille Royale, et nous sommes sur la terrasse.

Saint-Germain, le Pecq.

La terrasse de Saint-Germain est une des plus belles promenades de l'Europe; elle a peu de rivales en étendue, elle
n'en a pas pour la vue dont on jouit en la parcourant.
Large de 30 mètres, longue de 2400 mètres, elle aligne ma-
gistralement ses allées sablées, le vert tapis de ses pelouses
et ses rangées de beaux tilleuls, depuis la grille Royale jusqu'au pavillon Henri IV, à l'ombre des dernières futaies de
la forêt et sur la crête d'un coteau d'où le regard embrasse le
plus beau paysage que l'on puisse rêver. A nos pieds s'étend
une plaine immense, verte, jaune, brune, fertile ; la Seine
aux îles feuillues l'arrose de ses flots argentés ; des fermes,
des maisons, des villages, l'égayent de leur pittoresque épar-
pillement. A gauche se profile la masse imposante du château de Maisons ; à droite se découpent dans l'air, sur les
hauteurs de Louveciennes, les arcades de l'aqueduc de
Marly. Au sommet d'une éminence, un grand rectangle gris
attire nos regards : c'est le fort du mont Valérien ; une brune
aiguille jaillit au loin dans la nue : c'est la tour Eiffel.
Sur les premiers plans frémissent les bois du Vésinet ; deux
lignes rigides, l'une blanche, l'autre noire, traversent le
fleuve ; l'une est le pont du chemin de fer, un train y
passe en sifflant avant de s'engouffrer dans le tunnel dont
la voûte est sous nos pieds ; l'autre est le joli pont du Pecq.
Au loin s'estompent sur l'azur les lignes serpentines des
coteaux de Montmorency et le clocher de Saint-Denis; le
Parisien reconnaît à tout instant les sites et les monuments
de la capitale qui lui sont chers et familiers : ici le dôme
doré des Invalides ou l'arc de triomphe de l'Étoile, là la
butte Montmartre (1).

A l'extrémité de la terrasse, nous nous trouvons devant le

_____

(1) La terrasse de Saint-Germain a été construite en 1672 par
Le Nôtre. Elle s'appuie sur un mur élevé avec cordon et tablette
de pierre soutenant une balustrade en fer. Les tilleuls qui l'ombragent ont été plantés en 1745.

pavillon Henri IV, construit jadis pour la belle Gabrielle, et que l'on appela le *château Neuf;* c'est aujourd'hui un restaurant et un hôtel, mais ce fut autrefois une dépendance de la demeure royale que nous visiterons tout à l'heure. Une inscription rappelle que Louis XIV y naquit le 5 septembre 1638; une autre, quelque jour, rappellera sans doute qu'Adolphe Thiers y mourut le 3 septembre 1877. Rejetons-nous vers la droite, et nous trouverons le parterre. C'est en 1676 que Le Nôtre, obéissant aux inspirations d'Henriette d'Orléans, le dessina et fit planter les boulingrins ; modifié plusieurs fois, notamment en 1750 et en 1847, agrandi sous le second Empire, orné sur ses pelouses d'une statue d'Agrippine, de Maillet, et d'une réduction du Vercingétorix de Millet, le parterre, dont l'allée principale se rallie à la route des Loges, forme une sorte d'avant-scène à la forêt et semble être une espèce de trait d'union entre les splendeurs de la nature et les imaginations humaines.

En quittant le parterre, nous entrons dans la ville et nous nous trouvons sur une place irrégulière où sont groupés les principaux monuments dont elle s'enorgueillit. Le château, l'église, la gare, le théâtre, les casernes et la statue de Thiers. Si la ville est fière, à juste titre, de son château, aussi curieux, par son architecture et le musée qu'il renferme aujourd'hui, qu'intéressant au point de vue des souvenirs historiques qu'il rappelle, il faut convenir qu'elle pourrait se montrer modeste en ce qui concerne sa gare, son théâtre et même son église, tous monuments peu dignes d'une cité de 14 000 âmes qui, non sans raison, l'été surtout, n'est pas sans prétentions à la vie large et luxueuse.

Le monument de Thiers, inauguré le 19 septembre 1880, est l'œuvre de M. Fauvel, pour la partie architecturale, de M. Mercier, pour la sculpture ; il donnera à nos arrière-neveux une piètre idée de celui que l'on a appelé le *libérateur du territoire.* Rien de moins imposant, rien de moins décoratif, que ce *petit bourgeois* assis dans un fauteuil de bureau, le cou serré dans un haut faux col, le corps enveloppé d'une longue et disgracieuse redingote, les pieds grossière-

LE CHATEAU DE SAINT-GERMAIN, VUE PRISE DU PARC.

DESSIN DE A. DEROY.

ment chaussés, le regard sans vie sous ses lunettes, une carte de géographie dépliée sur ses genoux. Nous en convenons volontiers, notre costume moderne est un écueil pour tout artiste qui veut sculpter nos grands hommes ; mais Thiers, de petite taille, historien, tribun, homme d'action, devait être représenté debout, près de quelque console supportant ses livres, au pied de cette tribune législative dont, vieux encore, il gravissait si alertement les degrés, et du haut de laquelle il savait dominer une assemblée, malgré le son grêle de sa voix. Mais c'est trop s'appesantir sur une œuvre manquée, passons. Le théâtre, une grange, échappe à toute description ; la gare, embarcadère d'une désespérante vulgarité, représente bien le peu de confiance qu'inspiraient les chemins de fer quand on inaugura celui-ci, le 25 août 1837. Les constructeurs semblent avoir pensé que cela durerait toujours autant que le *joujou pour aller à la campagne !*

L'église, dédiée à saint Germain, a été construite en 1821 et porte bien le cachet de son temps ; son portique est soutenu par six colonnes d'ordre dorique et décoré au fronton d'une composition un peu mystique de Ramey fils, *la Religion protectrice entourée des Vertus.* Certes, cela ne vaut pas le fronton de la Madeleine, mais il serait injuste de ne point reconnaître la bonne ordonnance de la composition et l'heureuse exécution de plusieurs figures. L'intérieur est composé d'une nef centrale séparée des bas-côtés par des colonnes d'ordre toscan et terminée par un chœur en hémicycle. Ici, lambris et décors sont luxueux ; le plafond, divisé en caissons découpés et peints richement, est copié sur celui de Sainte-Marie-Majeure de Rome ; les hauts côtés de la nef sont couverts de fresques d'Amaury Duval : *la Miséricorde, la Rédemption, le Verbe* et *la Charité ;* ces fresques sont d'une tonalité très pâle et s'effacent encore au milieu de l'éclat des ornementations voisines. La chaire, d'abord destinée à la chapelle de Versailles, est un don fait à la paroisse par Louis XIV en 1681. C'est au-dessus du lion héraldique, entièrement doré, qui semble faire sentinelle au pied de la tribune, un amas de ciselures et de guillochages qui attirent l'œil sans réussir à le retenir et à le charmer. La première chapelle de droite renferme un mausolée en marbre blanc, d'une grande simplicité, élevé aux frais de la reine Victoria, à la mémoire du roi Jacques II. Quelques ossements du roi sont restés sous ce monument ; la plus grande partie a été transportée à Westminster. Maintenant, retournons-nous vers le château.

Des larges et profonds fossés qui l'entourent, le château surgit, assis sur un soubassement dont les deux étages, séparés par un rang de machicoulis, sont percés de petites fenêtres carrées ; au-dessus s'élèvent deux autres étages construits en pierres et briques mêlées dans le goût charmant de la renaissance. Les frontons des fenêtres, triangulaires au premier étage, sont cintrés au second ; de loin en loin apparaissent des gargouilles aux têtes grimaçantes ; du sommet, se dressent vers le ciel les grandes cheminées en briques rouges. Les balcons s'ornent de vases et de médaillons aux lettres FF et aux salamandres se tordant dans les flammes ; les angles sont ornés de tourelles à encorbellements ; une voûte en dalles de pierre forme terrasse et termine l'édifice ; des ponts, remplaçant les anciens ponts-levis, traversent les fossés. Les oppositions que forment entre elles les couleurs de la pierre et celles de la brique, le mélange des lignes courbes et des lignes droites, parfont un ensemble d'un effet très séduisant.

La chapelle, avec sa rose, son balcon aux délicates arcades bordant les combles, ses trèfles, ses ravissantes sculptures, est un véritable bijou architectural. Sa restauration est malheureusement incomplète ; les vitraux qui s'encadreront si bien dans les belles fenêtres ogivales manquent encore, ainsi que la décoration intérieure ; telle qu'elle est, pourtant, on ne peut qu'être séduit par la grâce, l'élégance, la légèreté de ce charmant édifice.

On entre au château par la porte de l'ouest, qui s'ouvre près d'une jolie tourelle adossée au donjon ; on pénètre dans une cour de forme bizarre, mais d'où l'on peut em-

brasser du regard tout l'ensemble harmonieux des bâtiments. Dans les tourelles sont pratiqués des escaliers en
hélice, conduisant aux appartements aujourd'hui occupés

Chapelle du château de Saint-Germain.

par les salles du musée ; celles-ci seront au nombre d'une
quarantaine quand le classement des collections sera
achevé.

Avant de continuer notre visite, nous allons esquisser
l'histoire du château, qui sera celle aussi de la ville.

Nous avons vu le couvent de Saint-Germain s'établir dans la forêt au temps de Robert le Pieux ; nous avons vu Louis le Gros protéger les moines qui l'habitaient. Ce même roi, vers 1125, fit construire auprès du monastère un château fort où ses successeurs, et particulièrement Louis IX, firent de fréquents séjours. Un hameau s'était formé auprès du monastère ; un village ne tarda pas à se créer près de la résidence royale. C'est sous le règne de ce prince que fut construite la chapelle, si proche parente de la Sainte-Chapelle de Paris. Incendié par les Anglais en 1346, le château fut rebâti vers 1365, par les soins de Charles V, qui affectionnait fort Saint-Germain. Des constructions de ce temps-là, il reste encore les fondations, quelques bases de tourelles, des fragments d'escalier et le puissant donjon rectangulaire qui fait l'angle des façades nord et ouest. Dans une des pièces de ce donjon Charles V avait installé sa *librairie*. La tour a conservé son aspect original dans l'ensemble ; mais plusieurs détails qui ne la déparent point ont été ajoutés ; tels la double terrasse, les balcons, les gargouilles, les contreforts supportant des vases qui sont du temps de François Ier, et le gracieux campanile, ornement inattendu mais d'un effet charmant, que Mansart bâtit sous Louis XIV.

François Ier, Henri II, Henri IV et Louis XIV se sont occupés de Saint-Germain. Sous le règne du premier de ces rois, une reconstruction à peu près totale du château fut entreprise par l'architecte Chambiges. Henri II commença l'édification du château Neuf ; mais les travaux, lentement menés, ne furent achevés que sous Henri IV. Marchand, à qui revient la gloire de la construction, avait élevé, à 400 mètres de l'ancien château, une demeure d'un style agréable, ainsi qu'en témoigne le pavillon Henri IV, ancienne chapelle, seul debout encore. Ajoutons que la résidence était de grande étendue ; ses jardins, en terrasses superposées, descendaient vers la Seine et occupaient une importante partie du territoire du Pecq ; des pièces d'eau et des grottes, où le génie inventif de Claude de Maconis et

la science de l'hydraulicien Francine avaient créé de merveilleuses choses pour le temps, ajoutaient aux attraits du
château Neuf et aux charmes de son séjour.

Louis XIII, on le sait, affectionnait Saint-Germain et
l'habita presque constamment. Anne d'Autriche et son fils
se réfugièrent au château pendant les troubles de la Fronde.
Vers 1661, le Grand Roi songea à reprendre possession de la
demeure délaissée. Il faut croire que la construction de
Marchand laissait fort à désirer sous le rapport de la soli-
dité, car alors la cour trouva le château Neuf inhabitable,
et dut se réfugier dans la demeure de François Ier. Au cours
des années suivantes, les visites royales devinrent de plus
en plus fréquentes, et les goûts somptueux de Louis XIV
s'accommodèrent aussi peu du voisinage des bâtiments dé-
labrés que de la modestie relative de ceux qu'il habitait.
Près de 6 millions et demi furent alors dépensés pour les
embellissements des entours et les décorations intérieures.
C'est alors, nous l'avons dit déjà, que Le Nôtre dessina le
parterre et que Mansart construisit la terrasse; malheureusement, il ne s'arrêta pas là et flanqua les angles du monument de cinq lourds pavillons d'un style solennel, qui en
dénaturèrent le beau caractère. Un de ces pavillons subsiste,
à l'angle de la façade de l'ouest et du midi ; il nous permet
de ne pas regretter les autres.

Louis XV et Louis XVI s'occupèrent peu de Saint-Germain ;
sous leurs règnes, la ville végéta tristement à l'ombre du
vieux château, toujours solide, auprès du neuf dont les pignons se crevassaient sous les toits éboulés. Vers la fin de
1787, le comte d'Artois songea un moment à faire réédifier
la construction; mais les préoccupations du moment et les
événements qui survinrent ne lui permirent pas de donner
suite à son projet.

Saint-Germain, dès le début de la tourmente révolution-
naire, s'associa au mouvement parisien. Le 17 juillet 1789,
un certain Sauvage, meunier à Poissy, que l'on accusait
d'accaparement, fut pendu à un réverbère. Sous la Terreur,
le village, abjurant son vieux nom, prit celui de Montagne-

du-Bel-Air ; ses sections s'intitulèrent Unité, Liberté, etc. ;
son église devint un temple de la Raison, et le château allait
être transformé en maison de détention, quand survint le
9 Thermidor. Longtemps encore l'herbe continua à pousser
dans les cours solitaires du vieil édifice, et le vent à souffler
dans les grandes salles démeublées et veuves de vitres,
puis le château, après avoir failli, en 1803, devenir une
succursale de l'hôpital Saint-Louis, fut, par un décret du
8 mars 1809, affecté au logement d'une école de cavalerie.
Transformé en prison sous Louis-Philippe, une affectation
digne de lui, celle de musée des Antiquités nationales, lui
fut donnée sous le second Empire. En même temps, sa
restauration fut confiée aux soins de M. Millet.

On l'a compris par ce qui précède, de nombreux événements historiques se sont accomplis à Saint-Germain.
Sans remonter jusqu'à Louis IX, qui y reçut, en 1247,
la visite de Baudoin, empereur de Constantinople, nous
nous bornerons à rappeler quelques faits comparativement
modernes. En 1518, le château vit naître Henri II; en 1530,
François Ier y célébra, au milieu de sa cour brillante, ses
noces avec Éléonore d'Autriche, sœur de Charles-Quint.
Moins de quatre mois après son avénement au trône, Henri II
faisait dresser devant la façade méridionale du château un
champ clos dans le goût de ceux du moyen âge, et de la
Chataigneraie et de Jarnac rompaient des lances devant
une nombreuse assemblée. La Chataigneraie, très aimé
du roi, passait pour le plus robuste et le plus adroit gentilhomme de son temps; le baron de Jarnac, généralement
peu sympathique, était d'une taille exiguë, et nul ne pré-
voyait qu'il pût sortir vainqueur de ce combat singulier.
Pourtant l'avorton eut raison du colosse; il porta un coup
terrible à son adversaire, et ce dernier succomba moins à
cause de la gravité de sa blessure qu'à cause du refus obs-
tiné qu'il fit de suivre aucun traitement pour la guérir.
Quant à ce fameux *coup de Jarnac*, devenu expression pro-
verbiale signifiant traîtrise, il semble prouvé que, s'il fut
inattendu, il ne fut nullement déloyal. C'est encore à Saint-

Germain que naquit Charles IX, le 27 juin 1550 ; à cette occasion de grandes réjouissances furent offertes à la population. Une partie de la vie de ce prince se passa au château ; nous y voyons, en 1570, les chefs catholiques et huguenots s'y rencontrer et se promettre une paix à laquelle aucun d'eux n'avait l'intention de demeurer fidèle. Dans les derniers jours de sa vie, presque à l'agonie, emporté en litière, nous voyons le même Charles IX quitter Saint-Germain pour aller mourir à Vincennes. Nous avons vu Louis XIV naître ici ; nous pouvons rappeler que Louis XIII y rendit le dernier soupir le 14 mai 1643. Sous Louis XIV, le château, qui avait servi d'asile à la veuve de Charles Ier, abrita encore Jacques II et sa femme après la révolution de 1688. Tous deux y moururent, le premier en 1701, la seconde en 1718.

Les temps qui suivirent virent la résidence délaissée et sont moins féconds en souvenirs. Rappelons pourtant qu'en 1815, après la bataille livrée sur le pont du Pecq, dix mille Anglais vinrent loger au château. En 1870, la ville fut occupée par les Allemands. L'invasion fut là semblable à ce qu'elle était partout ; nous ne répéterons pas des détails déjà tant de fois donnés.

Nous allons maintenant visiter le musée ; c'est une assez longue mais fort intéressante promenade à travers les appartements, transformés en salles d'exposition, où se sont passés les faits que nous venons de rappeler ; c'est aussi et surtout grâce à la nature des collections réunies, grâce à l'intelligent classement des objets qui les composent, un curieux voyage à travers les monuments, les outils, les armes des temps anciens, une révélation des mœurs et des coutumes des races disparues, une évocation des grandes choses accomplies par l'humanité au temps de sa première enfance.

Dès notre entrée, dans le fossé que le pont traverse, nous voyons une allée couverte, jadis trouvée à Conflans-Sainte-Honorine et rétablie dans son intégrité autant qu'a pu le permettre l'absence de quelques pierres.

Les salles du rez-de-chaussée sont consacrées aux grands

moulages, à la reconstitution des machines de guerre romaines, à l'exposition d'une foule d'objets des temps gallo-
romain, mérovingien et carlovingien. Parmi les moulages,
il faut citer ceux fort beaux des bas-reliefs de l'arc de
triomphe de Constantin, et de la colonne Trajane, celui de
la statue d'Auguste, trouvée en 1863, dans la villa de Livie,
ceux du tombeau des Jules à Saint-Remi, et les grands tro-
phées de l'arc d'Orange. Les parures, les objets d'utilité
courante sont représentés ici par une grande quantité d'an-
neaux, de boucles d'oreilles, de colliers, de styles, de boucles de ceinturons. Voulez-vous voir des armes? Voici les
angons des Gaulois, espèce de lance munie de deux crocs à
sa partie inférieure; voici la francisque des Francs, la scra-
maxe, sorte de sabre à rainures empoisonnées; puis les
catapultes et les balistes, qui servaient à lancer les traits et
les projectiles. Là encore sont des autels élevés aux divinités gauloises, des bornes milliaires, une grande quantité
d'inscriptions gauloises et quelques autels où furent adorées
des divinités maintenant inconnues.

Par l'élégant escalier qui fut l'escalier d'honneur au temps
de François Ier, nous gagnons les salles de l'entresol. On y
peut continuer la série d'études commencée en bas, se
transporter par la pensée à l'époque romaine, revivre un
moment au milieu de la mythologie gauloise, reconstruire
les nécropoles de nos ancêtres, concevoir une idée des métiers qu'ils exerçaient en contemplant les outils, marteaux,
pioches, faux, faucilles, etc., dont ils se sont servis. Cet
autel, surmonté de divinités représentant les jours de la
semaine, est un ex-voto offert au dieu Edelatus; cette statue
mutilée est celle de la déesse Sequana; voici encore les dieux
Bélus, Sex Arbor, les déesses Labé et Epona; plus loin,
vous verrez des pierres tombales de légionnaires romains,
celles d'un centurion, d'un porte-aigle, un tombeau romain
en briques, la statue d'un soldat gaulois, des stèles, dont
les sculptures représentent des ouvriers et des artisans occupés à leur travail.

Montons au premier étage; les salles que nous visiterons

SALLE DE MARS, AU CHATEAU DE SAINT-GERMAIN.

DESSIN DE F. HOFFBAUER.

d'abord sont consacrées à l'exposition des objets venant de l'âge de la pierre. Les scies, les épieux, les javelots, les pointes de lance, se montrent ici dans leurs formes et leurs dimensions variées, tels que les taillaient dans le silex les hommes de l'époque tertiaire. Plus loin apparaît l'âge de la pierre polie; les haches ont des gaines, les défenses de sanglier sont employées à fabriquer des poinçons et de menus objets de parure; les plus beaux de nos menhirs, de nos dolmens, de nos allées couvertes, sont reproduits très exactement au vingtième de leur grandeur; le tumulus de Gavr'-inis occupe le centre d'une salle, et ses sculptures, moulées sur l'original, en tapissent les côtés.

La salle de Mars, la plus belle du château, ancienne salle des Fêtes sous François Ier, a conservé sa magnifique cheminée, et, comme salle d'exposition, est l'une des plus curieuses à parcourir. Environ deux cents verreries et poteries nous initient aux secrets de la céramique gallo-romaine. Admirez la belle collection d'antiquités du premier âge de fer, recueillie au Caucase par M. Chantre, les bronzes antiques d'Italie et les belles armures de gladiateurs, les instruments en pierre du Sahara, provenant de la première mission Flatters, des stèles étrusques, la réduction du tombeau de Secondinus; enfin une foule d'objets préhistoriques rapportés des quatre parties du monde.

Dans la salle de la Conquête, que décore une belle figure de soldat romain, de M. Bartholdi, vous verrez avec intérêt une carte générale des peuples de la Gaule au temps de César, et un très curieux plan en relief d'Alise-Sainte-Reine, exécuté par M. Abel Maitre, et donnant une idée exacte des travaux d'envahissement et des lignes de circonvallation dont l'antique Alésia fut entourée 52 ans avant notre ère.

Au deuxième étage, une salle est consacrée à l'exposition des objets de la première époque du fer trouvés dans les tumuli; elle renferme un grand nombre de casques, de vases et de bracelets. La salle du bronze est garnie d'œuvres caractérisant bien les tendances et les aspirations de cet âge nouveau; il y a là des mors, des pendeloques, des couteaux,

des pointes de lance, des épées, toutes choses un peu pri-
mitives certes, mais souvent d'un travail excessivement
curieux. Viennent ensuite les lacustres, fac-similés des maisonnettes construites sur pilotis, au temps de la pierre
polie, accompagnés d'une série de vêtements en lin ou en
écorce d'arbre et de spécimens des aliments dont se nour-
rissaient les habitants de ces singuliers et malsains logis.
Très remarquable ici est la série des stations lacustres du
lac du Bourget.

La salle du Trésor, salle des Archives, probablement
librairie sous Charles V, intéresse particulièrement les nu-
mismates. Très riche est la collection de monnaies romaines,
gauloises et mérovingiennes renfermées dans ses médailliers.
Quelques-uns des types exposés ici sont des pièces absolument uniques; d'autres sont de toute rareté. La série romaine
ne comprend que des pièces frappées en Gaule.

Vous voyez par ce rapide aperçu à quel point la visite du
musée est à la fois curieuse et instructive. Il eut pour premier organisateur M. Beaune. Ajoutons que son classement
est fait avec un soin, une clarté, un esprit de suite qui
font le plus grand honneur à MM. Alexandre Bertrand
et de Mortillet, qui sont actuellement chargés de sa conservation.

Cet hommage légitime rendu aux choses du passé, nous
allons rentrer dans la vie présente, et bien que son pavé
soit rugueux et ses rues montueuses, nous allons visiter la
ville. Aux alentours du château, près de la place Royale,
nous verrons deux vastes casernes, celle de Grammont et
celle de Luxembourg; puis nous entrerons dans la partie
centrale du pays par la rue de Paris et nous rencontrerons
un dédale de voies irrégulières où se sont concentrés tout le
commerce et toute l'activité du lieu, la rue de la Salle, la
rue de Mareil, la rue au Pain, la rue de Pontoise; dans cette
dernière, nous nous arrêterons à l'hôtel de ville, dont la
salle des séances, ornée de tapisseries provenant du château
de Noailles, mérite d'être visitée. L'une de ces tapisseries,
mieux conservée que celles qui l'avoisinent, représente un

bal masqué sous Louis XIV, et donne bien une idée des somptuosités du grand règne.

Par un escalier où l'on conserve plusieurs pierres tombales, on atteint un musée, dont le fonds provient d'un legs de M. Ducastel, amateur qui avait su réunir des œuvres d'un réel intérêt. Téniers, Gérard Dow, Breughel, y représentent les écoles flamande et hollandaise; Coypel, Greuze, Lagrenée, Le Brun, Philippe de Champaigne, Chardin, Fragonard, l'école française; à côté de Vien, qui nous montre le portrait de Delille, Latour nous fait voir celui de Rochon de Chabannes. Que fait là ce moulage en cire de la tête de Cartouche? Nous ne savons, et nous quittons l'hôtel de ville, non sans y constater la présence d'une fort belle bibliothèque contenant onze mille volumes.

Près de là s'ouvre la rue des Bûcherons, qui traverse la rue de la République et atteint une place où s'élève le marché couvert que nous avons vu partout. Un peu plus loin, rue Baronne-Gérard, est un bel hôpital-hospice, fondation récente, dont la jolie chapelle a été très coquettement ornée par M. Lemaire, et qui conserve dans sa pharmacie des boiseries anciennes et des faïences qui méritent d'être vues. Plus loin encore, rue de Pologne, sont les abattoirs, et enfin, tout à l'extrémité du pays, au bord de la forêt, tout près d'un camp établi depuis 1871, sur le côté gauche de l'avenue des Loges, s'élève la gare qui dessert Saint-Germain par le chemin de fer de grande ceinture.

A l'endroit où se dresse cette construction moderne fut longtemps prospère un prieuré de moines de l'ordre du Val-des-Écoliers. Ce monastère avait été fondé en 1308, par la nourrice du roi Philippe le Bel, dame Perrenelle de Giry; ses bâtiments furent vendus en 1791. Ne prolongeons pas notre promenade de ce côté; nous sommes au faubourg d'Hennemont (mont de Cérès, *Enneæ Mons*, disent les étymologistes). C'est un écart champêtre de la ville, qui possède un joli château bâti par un notaire parisien. C'est là le sombre quartier de la ville; plus gai, plus bourgeoisement habité, peuplé de maisons confortables et de riches hôtels,

25

est le côté des rues Thiers, de Médicis et de la route de Paris,
qui avoisinent le Pecq.

Le Pecq, bien plus ancien, mais moins illustre que la
ville d'où nous sortons (c'était une terre royale en l'an 704,
et les moines de Saint-Wandrille, à qui Childebert III l'avait
donnée, estimaient fort les vins qu'elle produisait), le Pecq,
disons-nous, semble n'être qu'un faubourg de Saint-Germain. Ses rues tortueuses, bordées de constructions du
dix-septième siècle, dévalent depuis le pays de Henri IV
et de Louis XIV jusqu'à la Seine; des escaliers pratiqués
dans le flanc de la colline atténuent les difficultés de la
descente.

A mi-chemin, sur la gauche, au bout d'un sentier, nous
rencontrons le cimetière tout ensoleillé, que domine le monument édifié à Félicien David, mort à Saint-Germain en
·1876. Ce monument a attiré nos regards ; nous éprouvons
une désillusion en le voyant de près. Ce n'est qu'une sorte
de portique de belles proportions; ses quatre colonnes supportent un fronton, et, dans le vide qu'elles encadrent, le
regard cherche en vain la statue ou tout au moins le buste
de l'auteur du *Désert*. Tel quel, le tombeau, œuvre d'Eugène
Millet et Michel Chapu, a quelque chose d'incomplet qui
choque d'abord et attriste ensuite. Il a été élevé par sous-
cription publique et les fonds ont peut-être manqué pour
l'achever.

Tout auprès du cimetière, en continuant notre marche
descendante, nous voyons l'originale imitation d'une maison forte du quinzième siècle. Rien ne manque à ce pas-
tiche : portes à ferrures compliquées, murs crénelés, tourelles, faîtage à aigrette, grosse tour simulant un donjon et
surmontée de sa logette du guetteur. L'auteur de cette fantaisie architecturale est un certain M. Charvet, qui, pris un
certain soir d'un accès de fièvre chaude, monta sur la plate-
forme de la haute tour et se précipita dans le vide.

Par ici, nous pouvons voir encore le pavillon Sully portant la date de 1603, et quelques ruines des terrasses et des
grottes duc hâteau Neuf; puis, descendant toujours, nous ne

SAINT-GERMAIN, VUE PRISE DU PECQ.

DESSIN DE A. DEROY.

tardons pas à arriver au beau pont qui relie les deux rives
de la Seine. Sous la Restauration, on passait encore à cet
endroit le fleuve sur un pont de bois, qu'une poignée de
vétérans avait défendu vaillamment, le 1er juillet 1815, contre
l'avant-garde de Blücher. Le nouveau pont, commencé à la
fin de l'année 1832, a été livré à la circulation le 5 octobre 1834.

Nous quitterons le pont pour rentrer dans le village dont
nous n'avons vu qu'une partie; en le parcourant, nous
éprouverons un certain étonnement en constatant que nous
sommes dans un milieu plus industriel que nous n'étions
tenté de le croire. Dix-sept cents habitants environ vivent
dans la commune; si beaucoup n'ont là que d'agréables
maisons de campagne ou de gentils châteaux, comme Grandchamp ou Rocheville, il en est d'autres qui dirigent de
grandes usines et toute une laborieuse population qui y travaille. Fonderies de fer, fabriques de châles et d'eaux miné-
rales, vous trouverez de tout cela au Pecq.

Quant à sa paroisse, elle est de fort ancienne origine, et
l'église fut bâtie d'abord par les moines de Saint-Wandrille
et placée sous l'invocation de leur patron. En la reconstrui-
sant, en 1740, on a trouvé, sous le vieil édifice, des caveaux
dans les murs desquels étaient scellées des chaînes de fer et
qui devaient avoir été des cachots. On a conclu de là, non
sans quelque apparence de raison, que le monastère rouen-
nais avait à Aupec (ainsi s'appelait alors le pays) droit de
haute et basse justice.

Non loin du Pecq, bien que en réalité placé sur la commune de Port-Marly, est Monte-Cristo; cette villa fut construite par Alexandre Dumas père au temps de sa plus
grande popularité, vers 1845. Ce n'est qu'une coquette
maison de campagne comme on en voit tant en ces parages;
les deux ailes étroites de la façade encadrent un avant-
corps à trois pans que surmonte un petit campanile, mais le
tout se recommande par une décoration assez artistique.
Les encadrements des fenêtres ont été moulés sur des sculptures de Jean Goujon; elles sont de plus ornées de médail-

lons représentant les grands poètes de toutes les nations : Homère, Virgile, Dante, Shakspeare, Corneille, Gœthe, Chateaubriand, Lamartine, Hugo. Dans l'intérieur, au temps de Dumas, on voyait une vaste salle où étaient reproduites avec bonheur les décorations arabesques de l'Alhambra.

Gravissant les pentes, nous rentrons à Saint-Germain, d'où nous repartirons pour notre neuvième excursion.

DE POISSY A LA ROCHE-GUYON

RIVES DE LA SEINE

ITINÉRAIRE

Poissy : bureau du contrôle, place du Vieux-Marché, fontaine, marché, caisse de Poissy, vieilles maisons, église Saint-Louis, hospice-hôpital, maison de correction, caserne d'infanterie, enclos de l'abbaye, villa Meissonier, mairie, grange de saint Louis, pont de Poissy, moulin de la reine Blanche, châteaux de Villiers, de Migneaux, d'Hacqueville ; **Villennes** : le sophora du Japon, église Saint-Nicolas, château ; **Médan** : château, mairie, école, église, villa Zola ; **Vernouillet** : église Saint-Étienne, château ; **Verneuil** : église Saint-Martin, château, bois de Verneuil ; **les Mureaux** : château de Bècheville, mairie, église Saint-Pierre-Saint-Paul ; **Bouafle** ; **Flins** ; **Aubergenville** : château d'Acosta, bois et château de la Garenne, dolmen ; **Épône** : château, église, château de la Falaise ; **Mézières** : église ; **Mantes-la-Jolie** : le pont neuf, promenade des Cordeliers, ruines des fortifications, porte aux Prêtres, les tanneries, tribunal, hôtel de ville, fontaine, tour Saint-Maclou, théâtre, église Notre-Dame, hôtels de Gabrielle d'Estrées, de Mornay, hôpital ; **Gassicourt** : fabrique de papier à cigarettes, église Saint-Éloi ; **Rosny-sur-Seine** : château, chapelle, hospice Saint-Charles (orphelinat), chapelle Saint-Charles, mairie, écoles, église Saint-Lubin, église Saint-Jean-Baptiste-Saint-Lubin ; **Rolleboise** ; **Bonnières** ; **Gloton** ; **Tripleval** ; **Clachalèze**.

NEUVIÈME EXCURSION

Poissy.

Nous entreprenons une excursion qui sera longue, mais pour laquelle nous aurons un guide charmant : la Seine; la Seine aux méandres infinis, à la coulée transparente, aux îles pleines d'attirance, aux ponts pittoresques ; la Seine arrosant des campagnes fertiles, baignant de gais villages, reflétant dans ses eaux les profils accidentés de vieilles villes. La nature a comme à plaisir réuni dans la contrée que nous allons parcourir tout ce qui peut charmer le promeneur, exciter la curiosité de l'industriel, intéresser l'historien, captiver l'archéologue. On le sait, les bords de la Seine offrent aux regards une suite de panoramas toujours divers et toujours séduisants ; ici les plaines s'étendent à perte de vue ; là elles sont entourées de coteaux boisés ou couverts de vignes ; ailleurs le fleuve coule au bas de roches gigantesques, et le voyageur, qui n'a pas quitté le département de Seine-et-Oise, se croit volontiers transporté dans quelque défilé alpestre ou sur les bords de l'Océan aux imposantes et merveilleuses falaises. Quant aux localités que nous allons successivement visiter, il en est bien peu qui ne se recommandent à la curiosité, soit par leur histoire, soit par leurs monuments, soit par l'originalité de quelques-uns de leurs quartiers ou la bizarrerie de l'industrie qu'elles ont adoptée.

Dans cette excursion, nous suivrons la rive gauche du fleuve depuis Poissy jusqu'à la Roche-Guyon, nous réservant de revenir par la rive droite en une dernière promenade.

La route de Poissy, dont nous avons parlé précédemment,

trace, à l'extrémité de la forêt de Saint-Germain, une de ces
lignes droites dont la rigidité effraye le voyageur, qui craint
de n'en atteindre jamais la fin. Si longue qu'elle soit, elle
est assez rapidement parcourue, et l'on s'aperçoit peu de sa
monotonie, grâce aux jolis coins de forêt què l'œil peut à
chaque instant contempler. Sa chaussée est poudreuse et
trop ensoleillée, il est vrai; mais le piéton peut se réfugier
dans les contre-allées, où l'herbe est douce au pas, où l'on
chemine à l'ombre des grands arbres, au milieu de l'inces-
sant concert des oiseaux; à droite et à gauche, le regard se
repose sur les fuites vertes des allées profondes qui s'en-
foncent dans la forêt. Nous passons ainsi tour à tour devant
la route de l'étoile des Loges et devant celle de la Mare-
aux-Bœufs ; nous rencontrons plus loin le chemin qui mène
à l'étoile Sainte-Anne, et après avoir croisé la route des
Volières, laissant à droite le vieux chemin de Poissy et à
gauche la route des Dames, nous franchissons une porte et
nous nous trouvons au sommet de la côte de Poissy, large
avenue bordée de maisons de campagne, qu'il nous suffira
de descendre pour atteindre la rue de Paris, artère centrale
du village.

Dans une sorte de carrefour qui marque bien la limite
du pays, vous verrez un petit pavillon de forme octogonale, que l'on prendrait pour un bureau d'octroi si les fenêtres garnies de rideaux blancs ne révélaient sa destination
aujourd'hui familiale. Nous disons aujourd'hui, car autrefois, vous vous en doutez bien un peu en remarquant les
têtes de bœufs sculptées sur le fronton et les bornes reliées
par des chaînes qui entourent le pavillon, c'était le bureau
de contrôle du marché. La ville l'a donné pour habitation à
son cantonnier en 1870.

Le marché aux bestiaux fut pendant des siècles la gloire
de Poissy, sa grande occupation, la source de sa prospérité,
en quelque sorte et pour bien des gens son unique raison
d'être. Tous les jeudis alors, les tristes rues du pays et ses
ruelles tortueuses s'emplissaient de bruit et d'animation;
claquements stridents de fouets, mugissements sourds, bêle-

ments plaintifs, abois furieux, exclamations sonores, jetaient dans l'air leur cacophonie et épouvantaient les bourgeois tranquilles, qui, malgré l'agréable situation du village, se décidaient difficilement à venir y terminer leurs jours.

Aujourd'hui, le calme s'est fait ; le pas des troupeaux ne résonne plus sur le pavé ; on n'entend plus rouler les charrettes, on ne voit plus courir les cabriolets des maîtres bouchers. Les cafés, bruyants jadis, sont silencieux ; la place où se tenait la foire hebdomadaire est transformée en promenade et s'appelle la place du Vieux-Marché. Nous pourrions la gagner par une ruelle bordée de murs et de masures, décorée du nom vraiment trop pompeux de boulevard du Sud, mais nous en embrasserons mieux l'ensemble en l'atteignant par la rue de Paris. Là, nous avons devant les yeux deux grands parallélogrammes, l'un sablé, l'autre herbu, limités tous deux par de doubles rangées de marronniers. Au milieu du premier s'élève une fontaine ; vous la voyez d'ici : c'est, au centre d'un bassin octogonal en pierre, orné de quatre têtes de lion, deux vasques en bronze d'assez jolies proportions se superposant et supportant une statue de Cérès ; des dauphins sonnent de la trompe au pied de la colonnette sur laquelle repose la première vasque ; des plantes aquatiques et des oiseaux ornent le bas de la seconde. Cette fontaine sort des fonderies du Val-d'Osne et porte la date de 1850.

Sur la droite du premier rectangle s'élève le marché où s'approvisionnent les ménagères de Poissy ; il est d'aspect lourd. Sous l'écrasement de deux toits, c'est un mélange de gros piliers en pierre, de colonnettes en fonte, de charpentes s'enchevêtrant sous les combles ; obscur, il n'a ni le caractère antique du marché de Limours, ni l'air gai de nos halles modernes. Sur le côté gauche, vis-à-vis de la seconde partie de la promenade, un long bâtiment, derrière lequel s'étendent de fort beaux jardins, renferme les écoles communales ; l'école maternelle s'élève tout à fait au fond sur une partie de l'emplacement autrefois occupé par les abattoirs.

Regagnons la rue de Paris ; elle continue à descendre vers
la Seine. C'est la plus commerçante de Poissy et la seule
à peu près où les boutiques, les magasins, les hôtels, affi-
chent certaines prétentions au luxe contemporain. Nous
allons, tout en la suivant un moment, sauf à la quitter encore
pour aller visiter l'église, rappeler en quelques mots l'histoire de la ville.

Il serait difficile, pour ne pas dire impossible, d'essayer
de déterminer à quelle époque un groupe de pêcheurs
donna naissance à Poissy, en installant ses cabanes sur
le coteau qu'il occupe. Les Celtes ont-ils demeuré là; le lieu
fut-il une station gallo-romaine ? On ne sait, mais la petite
cité avait déjà une certaine importance au quatrième siècle
de notre ère; des piliers grossièrement sculptés retrouvés
dans les caves de ses vieilles maisons permettent de ne conserver aucun doute à cet égard. Néanmoins, l'histoire est
muette sur Poissy en ces temps reculés, et ce n'est qu'au
neuvième siècle qu'il attire tout à coup l'attention, le roi
Charles le Chauve l'ayant choisi pour lieu de réunion d'une
assemblée des grands et des prélats de son royaume. Ceci
se passait en 868, et l'on peut supposer que, dès lors, le pays
possédait une résidence royale; en tout cas, on est certain
que, plus tard, il fut habité par Robert le Pieux, car ce
prince y fonda des monastères et posa la première pierre
de l'église paroissiale. En 1205, le 25 avril, Blanche de Castille mettait au monde, à Poissy, un prince qui, sous le nom
de Louis IX, devait devenir une des plus pures gloires de la
monarchie française (1). Six ans plus tard, Philippe-Auguste
affranchissait la commune et l'entourait de murailles puis-
samment fortifiées. A partir de ce moment, la ville s'embellit, son commerce s'accrut, sa bourgeoisie devint si

(1) Quelques historiens prétendent que saint Louis fut seulement baptisé à Poissy, mais qu'il vit le jour à la Neuville-en-
Hez (Oise). Nous ne partageons pas leur opinion et nous nous
réservons de donner les raisons qui militent en faveur de la
nôtre, lorsque dans nos excursions au nord de Paris nous visiterons la Neuville-en-Hez.

riche qu'un de ses membres, nommé Gérard, donna au roi
11000 marcs d'argent pour être employés au pavage des
rues de Paris et à la construction de son enceinte. Saint
Louis conserva toute sa vie la plus tendre affection pour
son lieu de naissance; il aimait à signer sa correspondance
intime *Louis de Poissy;* mais il ne se bornait pas à cette
gracieuse et platonique manifestation, il songeait à accroître
l'importance, la fortune et la beauté de son pays de prédi-
lection. C'est dans ce but qu'il fit construire le pont, à la
place même où nous le verrons tout à l'heure; dans ce
but encore qu'il fonda ce marché aux bestiaux qui, pendant
des siècles, fut le plus important de l'Ile-de-France (1).
C'est encore saint Louis qui donna des armes à la ville;
elles sont: *d'azur, à un poisson d'argent posé en fasce, une
fleur de lis d'or en chef, une autre en pointe.* En 1304, Philippe le Bel fonda, à Poissy, l'abbaye des dominicains, dont
les bâtiments s'édifièrent à la place de l'ancien château;
l'église du monastère passait, à bon droit, paraît-il, pour un
des plus beaux édifices du temps; le maître-autel s'élevait
à l'endroit où était placé le lit de la reine Blanche quand
elle mit Louis IX au monde (nous pourrions à ce propos
faire une petite observation, mais elle viendra mieux en son
lieu quand nous parlerons de la grange de Saint-Louis).

L'abbaye des dames de Saint-Louis, exclusivement ré-
servée aux filles nobles, reçut de nombreux dons, encaissa
des dots considérables et devint riche et puissante; de très
grandes dames, des princesses de sang royal même, en furent
les abbesses. On assure que la règle observée n'était pas
d'une excessive sévérité; ne nous arrêtons pas à ces détails
sans intérêt maintenant, et rappelons, avant de reprendre
l'histoire de la ville, que, dans l'église de l'abbaye et con-
formément à sa volonté, le cœur de Philippe le Bel fut transporté après sa mort. En 1687, il fut retrouvé par des ouvriers
qui réparaient l'église. Il était au fond d'un caveau, ren-

(1) Ce marché se tenait précédemment à Choisy-aux-Bœufs,
village du val de Gally, dont le parc de Versailles a absorbé le
territoire.

fermé dans une sorte d'urne en étain, et sur une lame de
plomb on trouva cette inscription :

CY DEDEN EST LE CŒUR DU ROI PHILIPPE
QUI FONDA CETTE ÉGLISE, QUI TRÉPASSA A FONTAINEBLEAU
LA VEILLE DE SAINT-ANDRÉ
MCCCXIV

Malgré les fortifications que Philippe-Auguste avait fait élever, Poissy tomba au pouvoir des Anglais, une première fois
en 1346, une seconde fois en 1419. Les temps suivants sont
stériles en événements; mais au seizième siècle, la petite cité
reparaît brusquement dans l'histoire; elle est choisie par
Catherine de Médicis pour la réunion des docteurs catholiques
et des ministres de la religion réformée, invités à conférer
ensemble pour arriver à concilier leurs doctrines. La reine
était-elle sincère en rêvant une entente? Voulait-elle se
donner le spectacle de discussions théologiques? On ne sait;
toujours est-il que l'accord ne se fit pas, et que les discussions dégénérèrent en un échange d'épithètes plus qu'acri-
monieuses; le *colloque de Poissy* dura du 9 au 19 septembre 1561. Théodore de Bèze pour les protestants, le
cardinal de Lorraine pour les catholiques, firent assaut
d'éloquence; le jésuite Laing traita ses contradicteurs de
renards, de loups, de singes, etc., et chacun s'en fut persis-
tant en ses convictions, et sans que sa conscience soit éclairée. Les habitants, qui s'étaient beaucoup amusés de l'envahissement soudain de leur ville par une nuée de nobles,
de prêtres aux brillants costumes, et de pasteurs affectant
l'austérité, virent partir tout ce monde sans regret et se re-
mirent à regarder passer les bœufs.

Trente ans après, Poissy, s'étant rangé au parti de la
Ligue, fut attaqué par le duc de Longueil; les bourgeois
barricadèrent le pont et se défendirent héroïquement, mais
en vain; la ville fut prise et pillée. Survint Mayenne; il la
reprit et la pilla encore. Biron arriva à son tour, chassa
Mayenne qui, pour protéger sa fuite, fit sauter deux arches
du pont. Maître de la situation, Biron laissa ses soldats sac-

cager les maisons, fit pendre les plus déterminés ligueurs et rançonna les autres. N'est-ce pas en quelques lignes l'histoire de toutes les guerres ?

Nous ne nous appesantirons pas sur les troubles qui éclatèrent à Poissy en 1789, au cours desquels un certain Thomassin faillit subir le même sort que Sauvage à Saint-Germain en Laye et put l'éviter grâce à la courageuse intervention de deux députés de l'Assemblée nationale et de l'évêque de Chartres. Mais nous dirons quelques mots d'une institution qui fut longtemps célèbre et bien connue sous le nom de *Caisse de Poissy.*

La Caisse de Poissy a été fondée au mois de janvier 1690. Elle avait pour but d'assurer l'approvisionnement de la capitale en viande de boucherie, en payant comptant aux herbagers les achats des bouchers parisiens. Supprimée, rétablie, modifiée plusieurs fois dans son fonctionnement, la Caisse reçut enfin une réglementation à peu près définitive par l'application du décret impérial du 6 février 1811. Elle devint alors la propriété de la ville de Paris, et fut administrée par un directeur placé sous la surveillance des préfets de police et de la Seine. Les bouchers y déposaient un cautionnement et recevaient les avances qui leur étaient utiles pour trente jours et au taux de 5 pour 100. Au cours de sa longue existence, la Caisse a fait de nombreux mécontents et soulevé d'amères critiques. Il est certain que si elle venait en aide aux bouchers gênés, elle était onéreuse pour ceux qui, libres, n'eussent point eu recours à elle. Le décret du 24 février 1853, en établissant la liberté de la boucherie, a supprimé la Caisse de Poissy; les transactions ne s'en font pas plus mal et les consommateurs ne payent pas plus cher.

Mais en voilà assez sur le passé; aussi bien, tout en causant, avons-nous traversé la place du Petit-Marché et sommes-nous maintenant dans le vieux Poissy. Les ruelles sont étroites, tortueuses; les maisons ont cinq cents ans; les boutiques, obscures sous le ressaut des étages ventrus, sont occupées par de modestes commerçants; l'une d'elles, à

ABSIDE DE L'ÉGLISE DE POISSY.

DESSIN DE A. DEROY.

l'angle de la rue du Pain, abrite une épicerie « fondée
en 1420 », à ce que dit son enseigne. La chose est possible;
mais, il faut le reconnaître, le luxe et l'originalité que les
bourgeois de ce temps-là prodiguaient ailleurs, en leurs
constructions, étaient choses inconnues à Poissy.

Nous voici maintenant sur une place dont l'église Saint-
Louis occupe le centre. Les architectes les plus experts font
remonter la construction de ce monument à l'époque décen-
nale comprise entre 1125 et 1135. Rien ne prouve, d'une
manière absolue, l'exactitude de cette hypothèse, mais il
est certain que l'édifice est l'un des premiers où l'on voit le
style ogival tentant de se substituer au style roman. Du
premier coup d'œil on reconnaît aussi que chaque siècle a
essayé d'ajouter une magnificence à l'ensemble de l'édifice
sans arriver toutefois à le compléter.

Telle que l'église se présente à nos regards, nous apercevons d'abord un long toit aigu formant un trait d'union
aérien entre deux tours; l'une massive, carrée, percée de
fenêtres cintrées, supporte un clocher octogonal, terminé
par une flèche en pierre, que le temps a verdi de ses mousses ; l'autre s'élève au-dessus du chœur, elle a huit faces
aussi, quatre étroites et quatre larges; ces dernières sont
éclairées par de grandes fenêtres géminées, la tour se termine par une flèche haute hardie, couverte en ardoises ; si
l'œil redescend, il s'égare dans une forêt de tourelles,
d'arcs-boutants, de gargouilles, de pinacles fleuronnés, de
fenêtres, d'oculus, de meurtrières, et s'arrête émerveillé sur
le porche gothique à deux ouvertures, couronné d'une fine
galerie qui donne accès à l'intérieur.

Les deux portes qui s'ouvrent sous ce porche sont particulièrement curieuses, et par les sculptures qui courent
autour d'elles et par celles qui décorent leurs tympans;
attributs symboliques, ornements, mignonnes figures, tout
cela est fouillé dans la pierre avec une finesse extraordi-
naire, répandu à profusion, distribué avec un goût infini.
Nous l'avons dit, chaque époque semble avoir pris à tâche
d'augmenter les splendeurs de Saint-Louis. Dans le tympan

de l'une des portes, celle qu'un pilier veuf de la statue qui l'ornait sépare en deux parties, au-dessous de figures ravissantes de pose et d'expression, au milieu d'un fouillis d'ornements fleuris, vous reconnaîtrez la salamandre de François Ier.

L'intérieur se compose de trois nefs, d'un chœur, de chapelles en hémicycle remplaçant le transept, et de chapelles gothiques ajoutées sous Louis XII. La nef centrale est ornée d'un triforium, composé à chaque travée d'une arcade géminée et éclairé par des oculus accostés de meurtrières à plein cintre. La partie supérieure de l'abside a été refaite de nos jours, dans le style de Notre-Dame de Paris, par Viollet-le-Duc, qui a dirigé aussi la restauration complète de l'édifice ; trois belles roses à meneaux l'éclairent de la douce lumière de leurs vitraux multicolores. Les chapelles, différemment ornées, mais toujours avec un goût irréprochable, s'encadrent de nervures dont l'élan vers les voûtes et les croisements sont d'une hardiesse et d'une grâce inimitables.

En parcourant l'église, nous rencontrerons plusieurs curiosités d'époques diverses. Outre quelques belles pierres tombales, visibles sur le dallage, et que les pas de plusieurs générations ont usées, on en voit une qui rappelle un fait miraculeux. C'est celle de Rémy Hénault, « mort vers 1630 », qui, enterré une fois déjà, ressuscita, « nouveau Lazare », grâce aux prières que son fils adressa à sainte Geneviève ; auprès de cette pierre, dans la chapelle Saint-Joseph, on voit, informes, usés par des raclures successives, les débris d'une cuve baptismale que l'on prétend être celle qui servit lorsque Louis IX reçut le premier sacrement. Nul acte authentique n'existe pour appuyer cette croyance ; mais elle est fort ancienne, et l'état où vous voyez la ruine vénérée tient à la vertu que l'on attribuait à la poussière obtenue en grattant cette pierre, poussière qui, délayée dans un verre d'eau, passait pour guérir la fièvre (1).

(1) En l'an 1300, il y avait dans l'église des vitraux qui attes-

Admirons encore, avant de quitter l'église, quelques boiseries magnifiques, des statues polychromes, remarquables par leur expression, des autels en pierre et en bois artistement sculptés ; dans la chapelle des fonds baptismaux, un beau groupe, composé de huit personnages de grandeur naturelle, représentant l'*Ensevelissement du Christ ;* enfin, signalons, au dos du pilier central de la porte dont nous avons parlé plus haut, un tout petit bénitier en pierre, portant la date de 1690 (1).

Si nous faisons extérieurement le tour de l'église, nous rencontrerons, rue Basset, l'hospice-hôpital, bâtiment simple, s'élevant entre cour et jardin, et contenant trente-cinq lits. D'un autre côté, nous verrons quelques ruines provenant de l'habitation de la reine Blanche. Vis-à-vis d'elles court un grand mur blanc percé de deux portes, l'une grande, l'autre petite; ces portes nous donneraient accès dans la maison de Meissonier ; mais les habitations sont loin d'elles et nous avons encore quelque chose à voir en prenant un autre chemin.

Engageons-nous donc sur l'avenue qui porte maintenant le nom du grand artiste, et nous serons bientôt auprès de la Maison de correction ; elle s'élève au lieu où, avant la Révolution, florissait un couvent d'ursulines ; les bâtiments, affectés sous le premier Empire à un dépôt de mendicité, ont reçu leur destination actuelle en 1817. Néanmoins, les travaux nécessaires à leur aménagement n'ont permis à la prison d'en prendre possession que deux ans plus tard. La Maison de correction renferme environ 1500 détenus, dont la peine excède une année. Dans ses nombreux ateliers, les prisonniers font des peignes, des crayons, de la gravure, de la serrurerie, de l'ébénisterie, de la chaussure, de la bijou-

taient la vertu miraculeuse de la pierre des fonts baptismaux de saint Louis. Sur des pierres de la même époque conservées à l'hospice, on peut déchiffrer encore quelques distiques relatifs à cette croyance populaire.

(1) L'église Saint-Louis est classée parmi les monuments historiques.

terie en faux, etc. Tout auprès, vis-à-vis d'une caserne d'infanterie, noire, imposante, solide encore, se dresse une
ancienne porte de la fameuse abbaye. C'est un pavillon dont
l'unique étage, percé de fenêtres irrégulièrement disposées,
est couronné d'un haut toit ; à ses extrémités s'élèvent de
grosses tours rondes, hautes de deux étages et couvertes de
toits pointus ; une voûte s'ouvre au pied de l'une des tours
et donne accès dans ce que l'on appelle aujourd'hui l'*Enclos
de l'abbaye.* La voûte franchie, nous nous trouvons dans
une sorte d'impasse ; nous foulons le sol où les dames de
Saint-Louis ont vécu pendant près de cinq cents ans ; nous
passons sous des arcades qui ont vu les défilés de leurs
cortèges aux jours de grandes fêtes. De jolies propriétés nous
entourent ; l'arome de la verdure et le parfum des fleurs
emplissent l'air ; quelques oiseaux en pépiant troublent seuls
le silence monacal de ce lieu charmant, bien fait pour le
recueillement de l'esprit et le travail délicat et patient de
l'artiste.

A ce mot, vous l'avez deviné, nous sommes tout près de
la villa Meissonier ; en effet, l'impasse fait un coude, et nous
voici devant la porte de cette maison où le grand artiste a
passé environ quarante-cinq années de sa laborieuse existence. C'est une construction où la pierre, la brique et le bois
peint en rouge brun d'un ton doux se marient agréablement et dont le haut toit est orné de fort jolies mansardes. Si
vous pénétrez à l'intérieur, vous trouverez un bel escalier à
rampe en bois, une longue galerie, des pièces bien disposées et décorées avec un grand goût, de lumineux ateliers,
et partout, enfin, de précieux souvenirs du maître.

Cette maison est la plus récemment construite de la propriété ; elle a été terminée en 1886, et Meissonier en fut
l'unique architecte.

En 1847, quand Meissonier vint s'établir à Poissy, ne
conservant à Paris que le pied-à-terre du quai Bourbon
qu'il partageait avec Émile Augier, la maison qu'il acquit
alors était fort petite et seulement agrémentée d'un parterre
et de quelques arbres. Cette maison, lorsqu'elle apparte-

naît à l'abbaye, servait de logis aux étrangers; elle est bien modifiée maintenant; c'est elle que vous apercevez à gauche, au fond du grand jardin actuel; elle a été reconstruite pres-

Villa Meissonier.

que entièrement par un ami de l'artiste, l'architecte Boes-willwald. Ici vont se placer deux anecdotes.

La première préoccupation du peintre était d'avoir un atelier. Cet atelier, vous en voyez la grande baie à gauche de la construction et à son sommet. C'est par là que l'artiste exigea que l'on commençât les travaux, et dès qu'ils furent

26

en cours d'exécution, on s'aperçut que la maison n'était pas
fondée ; on étaya la partie supérieure et l'on creusa pour
faire des caves. Ceci n'interrompait pas le labeur de l'artiste ; il peignait alors *la Rixe*, et chaque jour c'était par
une échelle qu'il gagnait son atelier. *La Rixe* a été peinte sur
un gouffre, au milieu des échafaudages, parmi les cris des
Limousins.

Malgré cette insolite façon de procéder, l'architecte a
réussi à faire une jolie construction. C'est une sorte de petit
château blanc, rayé horizontalement de lignes roses par des
chaînes de briques d'un ton très harmonieux ; le toit est décoré de grandes mansardes à la base, et de petites ouvertures au faîte.

Nous vous avons promis deux anecdotes. Voici la seconde :
la propriété, on le sait, était de proportions exiguës ; le
jardin voisin était grand, lui, et par-dessus le mur de clôture,
on apercevait, rouges de fruits, de magnifiques cerisiers.
Ah ! ces belles cerises, que de fois elles avaient fait envie
à l'artiste et à ses visiteurs ! Si l'on avait eu douze ans, on
aurait escaladé le mur et grappillé dans le bien du voisin ;
mais on était des hommes, d'honnêtes gens ; quand on voulait manger des cerises, on en envoyait chercher à la ville,
et elles semblaient moins fraîches et moins savoureuses que
celles que l'on apercevait par-dessus le mur.

Un matin que Meissonier se promenait chez lui avec un
ami, la tentation devint tellement forte que le peintre se
sentit incapable de lui résister ; avec cette promptitude de
résolution qui était un des côtés saillants de sa nature, il
s'élança chez l'heureux possesseur des arbres enviés. Quand
il revint, une heure après, il était accompagné d'un maçon
qui se mit en devoir de faire une brèche au mur. Il avait
acheté la propriété, et l'on pouvait aller manger des cerises !

Peu de temps après, le mur fut abattu, les deux jardins
n'en firent plus qu'un, et sur l'ancien logis réservé aux
abbesses, Meissonier commença l'édification de sa maison.

Nous l'avons dit, tout ici était bâtiments de la communauté ; le jardin couvre une partie de l'ancien réfectoire.

En creusant une citerne, on a retrouvé les cuisines ; si l'on fouille le sol à quelque place que ce soit, la pioche heurte des pans de murailles, anciennes fondations, et souvent aussi met à jour des débris, des ornements du monastère, des statuettes, des pierres sculptées, beaucoup fort abîmées, quelques-unes bien conservées. Au long des murs de la propriété, il existe encore quelques débris de piliers et d'ogives. La persistance de ce passé au milieu de cette habitation moderne peut paraître singulière, mais elle s'explique.

Quand les bâtiments de l'abbaye furent vendus pendant la Révolution, leur nouveau propriétaire ne les fit pas démolir ; pour payer le prix de son acquisition, il lui suffit de faire enlever et de vendre le plomb des couvertures, les ors et les bleus des intérieurs. Ceci donne une idée de l'étendue des constructions et du luxe qui régnait dans les salles. Une démolition complète fut entreprise en 1802 ; mais on se contenta de jeter bas tout ce qui dépassait le sol. Si l'on bouleversait aujourd'hui, ce que nous ne souhaitons pas, les propriétés comprises dans l'enclos de l'abbaye, on retrouverait à peu près intactes toutes les fondations des différents corps de logis que renfermait son enceinte.

Meissonier avait fait de Poissy son pays d'adoption ; il en est dès maintenant et en restera sûrement une des gloires. Déjà, vous l'avez vu, une des voies publiques de la ville porte son nom. On se souvient qu'il fut, pendant de longues années, membre de la municipalité du pays, qu'il ceignit même, durant un certain temps, l'écharpe à franges d'or des maires, enfin qu'il fut aimé pour sa bonté — un peu bourrue parfois — autant que vénéré pour son grand talent. Ajoutons que presque tout l'œuvre de Meissonier a été peint à Poissy ; il travaillait peu dans son atelier du boulevard Malesherbes. L'ancienne maison est maintenant habitée par Mme veuve Méquillet, la fille du grand peintre. M. Charles Meissonier loge et travaille dans la maison que son père a construite.

La mairie, construction banale et peu digne d'une ville qui, maintenant, compte plus de 6000 habitants, s'élève tout auprès de la gare, à l'extrémité de la ville, sur l'emplacement d'un ancien couvent de capucins. Nous apprendrons là que l'activité du pays s'est, depuis 1867, époque de la suppression du marché aux bestiaux, reportée vers l'industrie, et que ses aciéries, ses fonderies, ses moulins et ses amidonneries occupent un grand nombre d'ouvriers.

Nous vous avons incidemment parlé de la grange de Saint-Louis; vous la trouverez sur une belle route, à vingt minutes de la gare, tout près de la lisière de la forêt de Saint-Germain. La ferme proprement dite est isolée sur le côté gauche du chemin; quelques arcades, une tourelle d'angle dans la grande cour et des débris de fondations que l'on retrouve quand on fouille révèlent une origine ancienne. Quant à la grange où la tradition veut que saint Louis ait vu le jour, ce n'est, de l'autre côté de la route, qu'un sorte d'appentis dont le fermier a fait un bûcher, et qui, très certainement, selon nous, s'il a fait partie d'une demeure royale, ne pouvait qu'appartenir à ses communs. On l'a vu du reste plus haut, la place du lit de la reine Blanche était marquée dans l'église détruite; celle-ci avait été élevée sur l'emplacement du château; nous en avons foulé le sol peut-être en visitant le jardin de Meissonier; peut-être l'herbe l'envahit-elle derrière ce mur que nous vous avons signalé en quittant l'église; mais, à coup sûr, la légende seule et non l'histoire peut accepter la grange comme lieu natal de Louis IX.

Revenons vers Poissy par les bords de la Seine; devant nous se développe le vieux pont, qui, lui, remonte bien au treizième siècle; car, quoique rebâti et élargi depuis, plusieurs de ses culées s'appuient encore sur les solides assises de ce temps-là. Il est très pittoresque, le pont de Poissy, avec ses arches irrégulières, son arche batelière en fonte, ses moulins se dressant au milieu, tout fiers de rappeler le passé.

Avant de le traverser, nous voyons sur notre gauche une jolie promenade ombreuse, bordée de restaurants alternant avec des maisons de campagne; c'est là que se trouve le restaurant de l'*Esturgeon,* dont la façade, sur une rue laté-

LES MOULINS DE LA REINE-BLANCHE A POISSY.

DESSIN DE F. DE MONTHOLON

rale, est ornée d'un tableau représentant le pont et la cap-
ture d'un esturgeon monstrueux pêché le 22 juillet 1839.

Le pont, bordé de rampes en fonte, laisse, à son entrée,
le regard errer sur les vertes saulées des îles voisines, des
bateaux et des batelets paressent sur leurs rives; à droite, au
bas d'un coteau, Carrières-sous-Poissy, que nous visiterons
à notre retour, s'allonge, gris à la base, rouge au sommet,
piqué de rayons de soleil, taché de bouquets de verdure.
Nous avançons, et la Seine fuit entre ses îles; de majestueux
peupliers se dressent droits et noirs, au-dessus des tendres
verdeurs des saules; devant nous, percé de fenêtres garnies
de persiennes vermoulues, s'élève, tout blanc sous son toit
plat, un vieux moulin.

Rien de plus joli, de plus aérien, de plus tentant pour le
pinceau d'un artiste, que la campagne qui nous entoure.
A droite, la Seine forme une vaste nappe que tache de vert
une île de forme ravissante; à gauche, elle court vers des
collines boisées, égayées par quelques maisonnettes isolées;
partout au loin s'étend la plaine verte, léchée de grands sillons
dorés. Une ombre s'étend soudain à nos pieds : c'est celle de
la façade du moulin ; elle est faite de croisillons de charpentes dessinant des losanges. Sur un crépi gris, nous
lisons au-dessus de ses fenêtres sans carreaux cette inscription en lettres gothiques : *Petit moulin de la reine Blanche,*
1230, rebâti... La suite est tombée; elle se composait de ces
deux mots : *en 1850.* Depuis 1870, comme le bureau de
contrôle, le moulin de la reine Blanche sert d'habitation à
un cantonnier. La construction s'appuie sur un enchevêtrement très curieux de vieilles charpentes. Un peu plus
loin, sur une forte masse de pierre, s'appuie encore un
moulin abandonné. C'est une construction carrée, percée
d'ouvertures cintrées au rez-de-chaussée et de fenêtres rec-
tangulaires aux étages supérieurs. Une allée d'arbres, bordée
de haies, jette un instant son ombre sur le pont; puis nous
retrouvons son garde-fou au-dessus de ses trois dernières
arches, appuyées sur une prairie que le fleuve inonde au
temps de ses crues.

Villennes, Médan, Vernouillet, Verneuil, les Mureaux.

En quittant Poissy, nous continuerons à suivre la rive
gauche de la Seine, et tout en nous dirigeant vers Villennes,
nous saluerons au passage quelques châteaux : Villiers,
Taunay, Migneaux, Hacqueville, ancien déjà, mais intelligemment restauré par son propriétaire actuel, M. Courtial de
Lassuchette. Au bout d'une demi-heure de cette promenade

Le vieux pont de Villennes.

nous arriverons à Villennes, dont nous ne tarderons pas à
atteindre le centre. Là, nous serons à la fois au chevet de
l'église et devant ce fameux sophora apporté du Japon
en 1803, dont est fier le pays et glorieux le gai restaurant
qui dresse ses tables à son ombre. En réalité, il est magnifique; cet arbre, nous ne saurions dire combien de maî-
tresses branches tortueuses et soutenues par des étais s'é-
chappent d'un tronc dont la circonférence mesure près de
5 mètres; quant au feuillage, il forme une immense om-

brelle qui n'a pas moins de 110 mètres de tour, et répand son ombre sur 700 mètres de terrain.

L'église, dédiée à saint Nicolas, est un monument du treizième siècle dont la façade a été refaite avec goût en des temps récents ; une tour carrée, unie, peu élevée, flanque la droite du portail. A l'intérieur, avec ses trois nefs, ses gros piliers, les voûtes de son chœur soutenues par des culs-de-lampe curieusement sculptés, elle forme un ensemble agréable que complète bien sa partie absidiale ornée de vieux tableaux, parmi lesquels il en est un assez beau représentant *la Pentecôte*.

Sur la place de l'Église s'ouvre la grille d'un beau parc, au milieu duquel s'élève un château construit au dix-huitième siècle ; parc et château disparaîtront bientôt sans doute, car la propriété est lotie et mise en vente, et le nombre des riantes villas du pays s'augmentera sans doute. Il est très simple, très calme, ce petit village ; il respire la paix, il invite au repos souriant après une vie bien remplie. Ceux de ses habitants qui ne sont pas cultivateurs sont de modestes rentiers vivant bien, mais sans faste et sans luxe. Si vous gravissez le coteau de Villennes, vous jouirez d'une vue charmante, vous embrasserez du regard, à droite, Poissy, la forêt de Saint-Germain, et tout au loin le mont Valérien ; devant vous se détacheront Conflans, le confluent de l'Oise et de la Seine, Andresy, Chanteloup, etc. A gauche, vers la Seine, vous apparaîtront Vaux, Triel et les hauteurs boisées de l'Hautie.

Quittant Villennes après avoir vu le vieux pont dont il est fier, nous nous dirigerons vers Médan ; la route serpente entre les vignes et les arbres fruitiers, monte ici, descend là et laisse à tout instant découvrir de ravissants points de vue ; aussi est-elle promptement franchie et entrons-nous bientôt dans un village demi-rustique, demi-bourgeois, dominé par un château fièrement assis sur une haute terrasse qu'entourent d'énormes murailles étayées de contreforts. De la ferme qui l'avoisinait, il reste encore quelques bâtiments, un pigeonnier surmonté d'un lanternon en forme de petit temple à colonnade, une grange, deux tours, l'une ronde, l'autre carrée, et quelques pans de murs effrités.

Le château a été construit vers la fin du quinzième siècle par un changeur de Paris nommé Henry Perdrier. Entre deux tours carrées, aveugles au rez-de-chaussée, percées d'étroites fenêtres au premier étage et couvertes de toits d'ardoise, s'ouvre la porte ronde surmontée d'une sculpture en haut relief reproduisant les armes des anciens seigneurs : *D'azur au chevron d'or et au chef dentelé de même.* Ces pavillons d'entrée sont reliés au corps de logis principal par deux tours, l'une carrée, l'autre ronde, unies entre elles par une galerie à l'italienne. A l'extrémité de la longue façade du château, fort jolie en sa blancheur égayée de trumeaux rouges, se dresse une élégante tourelle couronnée d'un campanile. Intelligemment restauré par son propriétaire actuel, M. Claudon, le château conserve encore, en certaines de ses parties, le cachet très pur du quinzième siècle, et en d'autres celui du seizième siècle, époque de son achèvement.

Nous passons, sans nous arrêter, devant l'humble bâtisse où s'abritent la mairie et l'école ; cette dernière ne comprend qu'une salle unique où garçons et filles travaillent sous la direction d'un seul instituteur, ainsi que cela se pratique dans les communes qui ont moins de 400 habitants. L'église est à quelques pas de là cachée dans un bas-fond, et fort ancienne sans doute ; elle a dû être complètement remaniée au dix-septième siècle, après avoir été une première fois réédifiée au quinzième siècle ; son toit aigu s'encadre en façade entre deux tours carrées s'achevant en terrasse et surmontées de dômes terminés par des campaniles ajourés. L'intérieur se compose d'une seule nef garnie de bancs, décorée d'une pauvre chaire et d'un banc d'œuvre derrière lequel trois personnes doivent avoir grand'peine à se placer. Sur le sol, au milieu de la nef, on voit une pierre tombale assez bien conservée ; c'est celle de Jean Bourdin, seigneur de Médan, mort en 1636. Elle est des plus modestes, cette église, vous le voyez, et pourtant elle renferme une curiosité précieuse ; ce sont les fonts baptismaux provenant de

LE CHATEAU DE MÉDAN.

DESSIN DE F. DE MONTHOLON.

l'église Saint-Paul de Paris, et lui ayant appartenu alors·
qu'elle était paroisse royale. Une longue inscription rimée,
gravée auprès sur une table de marbre, rappelle que :

> Entre autre y fut notablement
> Baptizé honorablement
> Le sage roy Charles le Quint
> Et son fils qui après luy vint
> Charles le Large bien-aimé
> Sixième de ce nom clamé.

La même inscription permet de supposer que la conduite
des gens du lieu ne fut pas toujours très édifiante; car
nous lisons que Henri Perdrier fit réédifier l'église,

> Qui en pauvre état était mise
> Tellement que comme s'entend
> Il y avait près de cent ans
> Qu'on n'y avait messe chanté
> Tant le lieu était mal hanté.

Cette critique ne saurait s'adresser aujourd'hui aux tranquilles habitants de Médan, cultivateurs, rentiers, gens de
lettres même. Toute voisine de l'église est la villa qu'habite
M. Émile Zola.

Au sortir de Médan, nous nous retrouvons en pleine campagne; au delà de la Seine, qui coule paisible, nous apercevons Triel allongé sur ses rives; le hameau de Pissefontaine rit au-dessus sur le coteau; là apparaît Chanteloup;
plus loin, Cheverchemont jette une tache blanche dans les
bois verts. La route que nous suivons côtoie le chemin de
fer, puis inclinant doucement à gauche, ne tarde point à
nous conduire à Vernouillet. Nous avons à peine fait quelques pas dans le village que nous l'apercevons tout entier;
il groupe, sur le penchant de la colline, ses fermes, ses
maisons, ses jardins autour d'une église romane dédiée à
saint Étienne, et que nous allons visiter tout d'abord.

Ce monument est établi sur un plan bizarre. C'est par l'un
de ses flancs qu'on pénètre dans la nef centrale; le portail,

lui, donne accès à l'une des travées d'un transept irrégu-
lier, immense à gauche, à peine indiqué à droite ; néanmoins, cet intérieur est assez séduisant. Le chœur, terminé
par un mur droit, paraît remonter à la seconde moitié du
douzième siècle ; il est d'un beau caractère, les colonnes de
la nef ont conservé leurs beaux chapiteaux historiés. La
partie la plus curieuse de l'édifice est le clocher roman ; il
a deux étages percés d'ouvertures cintrées et supporte une
pyramide en pierre percée de lucarnes accostées de clochetons aux bases ornées de monstres grimaçants.

L'église Saint-Étienne, classée parmi les monuments historiques, a été restaurée en 1877, à la sollicitation de M. de
Saint-Léger, alors maire de la commune, et par les soins
de M. de la Roque ; les réparations du clocher sont dues à
Viollet-le-Duc.

Vernouillet eut ses seigneurs jadis, et le château qu'ils
habitaient, fort belle propriété, appartient maintenant à
M. Ottau. On raconte qu'au retour de l'émigration, quelques
nobles à peu près ruinés se cotisèrent pour l'acquérir, le
possédèrent en tontine et y menèrent, tout en maudissant le
régime nouveau, une existence qui rappelait un peu l'ancien.
Ceux des membres de cet aristocratique phalanstère qui étaient
lettrés rappelaient volontiers aux autres que La Bruyère, au
dix-septième siècle, avait souvent visité cette résidence.

Verneuil touche à Vernouillet, et l'on est déjà dans la première de ces communes que l'on ne s'est pas encore aperçu
d'avoir quitté la seconde, on est encore tout plein du souvenir de l'église Saint-Étienne et déjà on se trouve sur le
seuil de l'église Saint-Martin. Ces deux monuments sont à
peu près de la même époque. Comme l'église de Vernouillet,
celle de Verneuil a son clocher roman ; malheureusement,
ici, il a été, en des temps modernes, surmonté d'une tour
carrée qui ressemble plus à un moulin qu'au couronnement
d'un édifice religieux. En 1783, par son testament daté du
29 avril, un certain Aleaume, bourgeois de Paris, intéressé
dans la manufacture des Gobelins, a légué à la paroisse une
rente annuelle de 600 livres pour doter *une fille qui sera*

d'une famille réputée d'honnêtes gens et elle-même considérée comme la plus vertueuse et irréprochable dans ses mœurs et sa conduite. L'institution dura peu d'années ; le testateur n'avait pas prévu les événements ; une plaque clouée dans l'église rappelle seule sa bienfaisante initiative. D'agréables maisons de campagne, aux jardins fleuris, peuplent le pays. Le château seigneurial se trouve au bout de la grande rue, visible à peine derrière les hauts arbres de son parc et les bâtiments immenses de ses communs ; c'est la propriété de la famille de Talleyrand-Périgord.

Nous avons suivi les bords de la Seine, nous avons traversé des champs, nous avons exploré des villages ; nous allons maintenant errer quelque temps au travers des bois de Verneuil pour gagner les Mureaux. Une route à peu près droite les traverse et vient aboutir au bord de la Seine, à la tête du pont de Meulan, en ce lieu dit *la Sangle*, où s'élevait autrefois une forteresse. Nous ne suivrons cette route que pendant peu d'instants, et, poussant vers l'ouest, par d'étroites allées courant entre de jolies. futaies, les pieds dans les mousses, le regard dans la verdure, nous atteindrons la partie de la forêt que l'on appelle *les bois de Bécheville*, et le beau château du même nom qui appartient à M. le comte Daru ; puis, remontant un peu vers le nord, nous entrerons dans les Mureaux et nous nous trouverons à quelques minutes de la gare qui dessert à la fois Meulan et le petit village.

Les Mureaux ne sont en quelque sorte qu'un faubourg de 'Meulan ; ils comptent une population de plus de 2000 âmes, et le pays est assez animé, grâce aux diverses professions que ses habitants exercent ; vous trouverez là des marchands de bois et de charbon, de gros négociants en vins, une manufacture de brosses à peindre et de nombreux horticulteurs. La Grande Rue traverse le pays en son entier ; un îlot triangulaire la sépare du boulevard Victor-Hugo, où se trouvent la mairie et les écoles, bâtiments très simples économiquement construits sur des modèles bien connus. L'église Saint-Pierre-Saint-Paul, située au fond d'une place qu'ombragent des rangées de beaux marronniers, n'a rien

de remarquable à l'extérieur; mais vous verrez au dedans,
au bout d'une nef que vous prendriez volontiers pour une
grange, six piliers du douzième siècle, dont les chapiteaux
sont curieux et la disposition particulièrement originale.
Quatre d'entre eux, soutenant une grande arcade flanquée
de deux petites, séparent la nef du chœur et forment une
sorte d'arc de triomphe à trois ouvertures. Ne soyez pas
surpris si cette construction n'a pas absolument le caractère

Les Mureaux.

des édifices du temps; elle était originairement l'hôtel de
Beauséjour, qui fut témoin des fêtes célébrées à l'occasion
du mariage de Jean le Bon avec Jeanne de Bourgogne; plus
tard, ce ne fut plus qu'un rendez-vous de chasse, que Henri IV,
qui avait promis de faire bâtir une église dans le pays, autorisa, en attendant, à transformer en temple chrétien. Il
est permis de supposer que les colonnes dont nous avons
parlé sont tout ce qui subsiste de la construction primitive.

Quant à la promesse du Béarnais, ainsi que beaucoup
d'autres qu'il a faites, elle ne s'est pas réalisée; la commune
l'a vainement rappelée à tous les gouvernements qui se sont
succédé depuis Henri IV jusqu'à Louis XVIII. Aujourd'hui,

elle a renoncé à en revendiquer l'accomplissement, et c'est au moyen des fonds fournis par les paroissiens de Saint-Pierre-Saint-Paul qu'un nouvel édifice va remplacer bientôt celui-ci qui tombe en ruines. On y transportera sans doute la seule curiosité de l'église, la pierre tombale de la mère du comte Daru.

Bouafle, Flins, Aubergenville, Épône, Mézières.

Après avoir passé assez indifféremment par le petit ha-

Epône.

meau de Bouafle, nous atteignons Flins, que signale à notre attention un beau château, dont le parc est orné de pièces d'eau. A Aubergenville, c'est encore le château d'Acosta, propriété du duc de Valençay, qui nous retiendra quelques instants.

Dans son voisinage, en revenant un peu vers la Seine, nous rencontrons les bois et le château de la Garenne, et aussi le curieux dolmen d'Épône : deux pierres, longues de 4 mètres, épaisses de 50 centimètres, supportées par six blocs de forme conique. En remontant vers l'ouest, deux communes se touchent; la première est Épône, pays bourgeois ; la seconde, Mézières, village absolument rustique.

Épône compte environ 1000 habitants ; il est fort agréablement situé en regard de la Seine. Son église, avec son
clocher roman à deux étages et la flèche finement taillée
qui le termine, avec sa porte à dents de scie et ses belles
rosaces, est un monument du douzième siècle qui ne manque
pas d'intérêt; à l'intérieur, vous verrez, clouées sur ses
murs, quelques pierres tombales du temps de la renaissance
en un fort bon état de conservation.

Les sires de Créqui ont eu là un manoir féodal et l'origine
de la localité est certainement fort ancienne; on a trouvé
dans le sol une grande quantité d'instruments et de parures
des époques celtiques et gallo-romaines. Autrefois fortifiée,
la ville, aux quatorzième et quinzième siècles, fut prise par
les Anglais.

Un beau château domine le pays; malheureusement, il est
transformé en établissement industriel; c'est l'entrepôt
général d'une maison qui vend les vins de Zucco. Hérault
de Séchelles possédait à Épône une fort belle propriété, que
Camille Desmoulins et le peintre David ont souvent visitée.
Ce dernier avait même laissé dans le pays un souvenir de
son passage sous la forme d'un guerrier romain charbonné
sur un mur. Ne cherchez pas ce dessin si vous passez à
Épône ; la pluie l'a effacé.

Non loin de la petite ville est le joli château de la Falaise;
il a été construit au dix-huitième siècle par le marquis de
Tourny ; les poètes Roucher et Delille en ont chanté les
splendeurs l'un dans le poème des *Mois*, l'autre dans celui
des *Jardins*.

Mézières, tout fier d'avoir obtenu récemment que son nom
figurât sur la gare voisine, n'a de remarquable que son
église, dont les charpentes portent la date de 1521.

Les deux tours d'une cathédrale se dressent en l'air ; une
autre tour isolée les avoisine ; les toits d'une petite ville
s'entassent sous nos yeux. Faisons quelques pas encore et
nous serons à Mantes, à si bon droit surnommée *la Jolie*,
et, tout en nous acheminant vers elle, nous allons vous en
raconter l'histoire.

Mantes.

Bien que des fouilles opérées à Mantes aient permis de retrouver des objets celtiques et romains, bien qu'on ait prétendu que l'église Saint-Maclou s'élevait sur l'emplacement d'un monument druidique, les documents authentiques sur l'origine de Mantes font défaut, et nous ne saurions utilement pour nos lecteurs les faire remonter à ces temps reculés. Ce qui paraît certain, quoique encore entouré d'une profonde obscurité, c'est que Mantes existait au neuvième siècle. Il est probable même qu'elle était déjà une cité d'une certaine importance, puisque le Normand Bioern Côte de Fer ne dédaigna pas de la prendre et de la piller en 845. En réalité, c'est au dixième siècle que son existence est officiellement signalée. Elle est alors le chef-lieu du comté de Mantois, et c'est un pillage encore, celui-ci commandé par Guillaume le Conquérant, que nous trouvons dans les premières pages de ses annales. Cette campagne coûta cher au vainqueur ; il fit, à Mantes, dans la rue de la Chausseterie, une chute de cheval, dont il alla mourir à Rouen. Contrit et repentant de ses « brigandages », il envoya des sommes considérables au clergé mantais pour concourir à la réédification des églises qu'il avait brûlées. Peu d'années après, la ville sortit toute rajeunie de ses ruines et prit alors le nom de *Mantes-la-Jolie*. Dès l'an 1012, Mantes était en possession de sa charte communale, un maire et douze pairs l'administraient ; cette charte fut complétée en 1110 par Louis le Gros et confirmée, en 1152, par Louis le Jeune. Philippe-Auguste, mûrissant ses plans d'attaque contre la Normandie, considéra la place comme excellente pour servir de base à ses opérations militaires ; il l'appelait « sa fille bien-aimée », et fit tous ses efforts pour gagner les sympathies de ses habitants en se montrant fréquemment à eux. Il séjournait à Mantes en 1223, quand la mort vint le surprendre.

Donnée en dot à la princesse Isabelle, fille de saint Louis, Mantes tomba entre les mains de Thibaut de Champagne,

roi de Navarre; cette alliance établit plus tard les droits de
Charles le Mauvais et la petite cité devint le siège de la
cour navarraise. La ville vit alors affluer dans son sein une
foule de reines, de princesses, de seigneurs français et
étrangers ; monastères et églises enrichirent et embellirent
encore le pays et ses fortifications furent augmentées. Pourtant, en 1346, quelques jours avant la bataille de Crécy, la
ville, assiégée par Édouard III, roi d'Angleterre, tomba en
son pouvoir et fut saccagée. En 1354, un traité fut signé à
Mantes entre Charles le Mauvais et le roi Jean. Dix ans plus
tard, Du Guesclin s'empara de la ville par un brillant coup
de main; mais, dès 1416, elle retomba au pouvoir des Anglais. En 1449, Dunois la fit définitivement rentrer sous la
domination française, et, depuis cette époque, ses habitants
se montrèrent si fidèles à la couronne que, proverbialement,
on put dire en parlant d'eux : *les chiens de Mantes*. Pendant
les guerres de la Ligue, Mantes fut l'objet de toutes les ca-
resses et de toutes les séductions de Catherine de Médicis,
qui s'était fait donner la ville comme douaire à la mort de
Henri II. Henri III la visita même avec solennité en 1587.
Néanmoins les habitants se prononcèrent pour Henri IV,
qui y fit une triomphale entrée, lui donna Sully pour gouverneur et y revint souvent. Il aimait le séjour de la ville
et l'appelait « son Paris ». Ici s'arrête l'importance historique de la cité, et, sous les règnes suivants, bien que
visitée pourtant par Louis XIII et Louis XIV, elle ne reprit
pas sa vitalité passée. Aujourd'hui, de ses quatre églises,
de ses couvents de cordeliers, de bénédictins, d'ursulines et de filles de la Congrégation, il ne reste plus que
l'église Notre-Dame, que nous visiterons tout à l'heure.

Lors de la dernière guerre, Mantes, menacée par les Prus-
siens, fit sauter deux arches de son pont ; la ville n'évita
point l'envahissement pour cela et fut même menacée d'une
destruction complète par les ennemis que harcelaient les
francs-tireurs. L'énergique attitude du maire, M. Renaud,
conjura ce malheur; mais l'arrondissement eut à satisfaire
à des réquisitions et à des impôts dont le total dépassa

1 200 000 francs. Les Allemands quittèrent la ville au mois de février 1871 ; ils l'occupaient depuis le 22 septembre précédent.

Pour entrer à Mantes, nous avons suivi le bord de l'eau et l'agréable promenade qui borde la ville en regard de l'île de Limay ; nous voici devant ce pont dont nous parlions incidemment tout à l'heure. Comme vous le pensez bien, il ne reste plus de traces du coup de mine de 1870; une intelligente réparation a suivi immédiatement la signature de la paix. Le Pont-Neuf, comme on l'appelle encore, a passé pour le plus beau de son temps. Il a été construit de 1757 à 1763 par Perronet, l'ingénieur à qui l'on doit la construction du pont de Neuilly et celle du pont de la Concorde; ici, Perronet appliqua un cintrage alors nouvellement inventé par un ingénieur mantais, Robert Pitrouf. Le pont est assis sur trois arches d'égale grandeur qui n'ont pas moins de 120 pieds d'ouverture. Ce travail, fort remarquable encore, passa longtemps pour le plus hardi qui soit en France. Nous parlons ici de la partie du pont qui réunit l'île de Limay à Mantes ; l'autre partie, bien que comprise dans le plan de Perronet, ne fut exécutée qu'en 1845. Jusque-là on passait un vieux pont dont la circulation est maintenant interdite aux voitures.

Le chemin que nous avons suivi nous permet de voir la promenade des Cordeliers ; elle aboutit à une belle propriété bâtie sur l'emplacement d'un couvent de religieux de l'ordre de Saint-François florissant déjà au temps de Louis IX, et dans les cellules duquel la tradition prétend que saint Bonaventure et saint Thomas d'Aquin se sont fréquemment rencontrés. Sur cette promenade, près de l'usine à gaz et aussi vers le quai de la Vaucouleurs, on voit encore quelques débris des murs, des portes et des anciennes fortifications de la ville enclavées dans des propriétés particulières, comme rue Chanzy, ou servant de murs de clôture à des jardins, comme sur les quais ; elles disparaissent généralement sous le lierre et sous les fleurs.

Maintenant nous sommes obligé, et nous ne le regrettons

27

pas, de pénétrer dans la ville par son quartier le plus vieux, mais aussi le plus original. Franchissons donc la porte aux Prêtres, sorte de poterne assez bien conservée; nous allons nous trouver sur l'emplacement où s'élevaient autrefois la citadelle et le château, qui subirent tant de sièges et d'assauts ; où sont maintenant les rues des Tanneries et du Fort passait un chemin de ronde, mais ne nous occupons du passé que pour voir ce qu'il nous a légué : les tanneries.

Depuis quand sont-elles établies sur un petit affluent de la Seine, ces vieilles tanneries d'un si bizarre caractère architectural? Quel âge ont ces constructions déséquilibrées, branlantes sur leurs piliers de pierre aux angles rongés ou sur des poutres déformées, tordues et que l'on dirait lasses du poids qu'elles portent? Quels logis éclairent ces fenêtres plus larges que hautes? Depuis combien de siècles l'eau coule-t-elle jaune et fangeuse sous ces arches de pierre? Qui donc étend au soleil ces peaux séchant après un premier bain de tan ; qui tapisse les pignons de ces grands déchiquetages sanguinolents qui sont encore des peaux, mais fraîches celles-là? Quels malheureux vivent enfouis tout le jour dans les sombres réduits où sont les cuves? Que conclure de tout cela, sinon que jusqu'au onzième siècle, et peut-être avant même, le lieu avait l'aspect que nous voyons et que depuis ce temps des générations de tanneurs ont vécu dans ces tristes logis, respirant un air chargé d'odeurs affadissantes, travaillant beaucoup, ne faisant jamais fortune, mais paraissant se bien porter.

Entrons maintenant dans la ville. Si le hasard nous y a conduit un jour de marché, nous la trouverons extraordinairement animée; point de large rue où ne s'alignent les longues files de charrettes des paysans de la contrée, point de carrefour où ne s'entassent les vendeurs; tantôt abrités sous des tentes, tantôt étendant philosophiquement leurs marchandises sur le pavé. Les porcs grognent, les moutons bêlent sous les auvents du Marché aux bestiaux; sur la place de la République, les ménagères s'approvisionnent de volailles et les ouvriers renouvellent leur outillage; la place

LA PLACE DE L'HOTEL-DE-VILLE A MANTES

DESSIN DE F. DE MONTHOLON

de la Halle-au-blé est couverte de sacs remplis et les cafés
qui l'entourent pleins de marchands et d'acheteurs débat-
tant les prix et choquant les verres ; sur les places de l'Hôtel-
de-Ville et de Saint-Maclou, le sol disparaît sous les paniers
de fruits, les tas de légumes et les menus objets de mercerie
étalés sur des toiles.

Si mouvementé qu'il soit, ce spectacle est de ceux que
nous avons vus bien souvent déjà et nous avons hâte de porter
notre attention vers les monuments diversement curieux que
renferme la ville ; ils ne sont pas en grand nombre, mais
tous présentent un intérêt particulier. Sur cette place de
l'Hôtel-de-Ville, dont nous parlions tout à l'heure, s'élève,
attenant à la maison municipale, l'ancien auditoire royal,
une construction qui remonte, dit-on, à l'an 1410, sévère en
son ensemble, comme il convient à une maison de justice,
remarquable encore par les sculptures, malheureusement
fort abîmées, qu'on distingue au-dessus de la porte d'entrée,
par ses grandes fenêtres carrées à croisées de pierre, par
le bel escalier qui conduit à la salle d'audience. Les monuments ont leur destinée : l'auditoire est aujourd'hui le tribunal, ses caves servaient autrefois de prison. Une petite
niche vide au sommet de l'accolade renfermait jadis la statue
de saint Yves, patron des gens de loi ; les armes de France
et de Milan et un porc-épic décorent encore la façade.

L'hôtel de ville est contemporain de l'auditoire ; à son fronton, on a sculpté les armes de Mantes : *D'azur à la demi-fleur
de lis d'or, mouvante du deuxième qui est de gueules, au demi-
chêne de sinople, feuille de même, chargé de trois glands d'or.*
Il est assez compliqué, ce blason ; mais le demi-chêne vient,
pour les Mantais, à l'appui de la prétention qu'ils ont de remonter aux temps druidiques.

A l'intérieur de l'édifice, nous avons visité une bibliothèque municipale contenant environ dix-huit cents volumes,
pour la plupart relatifs à l'histoire de la localité. La ville
possède en outre une bibliothèque populaire, qui met à la
disposition des lecteurs près de trois mille huit cents volumes.

Mantes est très fière de la fontaine renaissance que nous voyons sur la place de l'Hôtel-de-Ville ; cette fontaine, classée maintenant parmi les monuments historiques, a été érigée en 1520 par Nicolas Delabrosse, artiste mantais. Elle superpose ses deux vasques soutenues par un pilier ouvragé au milieu d'un bassin de forme octogonale. L'œuvre est élégante, pure de lignes, harmonieuse d'ensemble, un peu alourdie par le bassin ajouté postérieurement. Fort abimées par le temps, les sculptures qui l'ornent ont dû être d'une remarquable finesse ; feuilles d'acanthe, entrelacs, mascarons, figures, salamandres, ornent le pilier et les vasques. Par malheur, la fontaine asséchée ne présente plus en son ensemble que l'aspect d'une ruine.

Gagnons maintenant la place Saint-Maclou ; elle s'étend devant cette haute tour qui domine toute la ville. C'est le seul reste d'une église construite au onzième siècle, plusieurs fois détruite pendant les guerres, rebâtie pendant les temps calmes et qui enfin était abandonnée et menaçait ruine quand on la démolit en 1792. Un conventionnel, Paulin Crassou, sauva la tour dont la beauté architecturale l'avait frappé. Elle appartient, elle, au style renaissance ; élégante, gracieuse, envahie par le lierre à sa base, elle dresse hardiment dans l'air ses deux étages percés de baies élancées et se couronne d'une balustrade ornée de vases aux angles. Les gargouilles grimacent à son sommet ; des niches, pour la plupart veuves de leurs statues, se creusent sur ses flancs ; des cordons finement sculptés, de jolis pilastres, une coquette tourelle accostée, une foule de détails traités avec une rare délicatesse, choisis et distribués avec goût, attirent successivement le regard et complètent un ravissant ensemble.

La tour de Saint-Maclou fut, assure-t-on, construite en une année au moyen « des deniers provenant du halage des bateaux montants sous le pont de Mantes, les dimanches et fêtes, car en tels jours cela était défendu ». Aujourd'hui la ville remise, au rez-de-chaussée de la tour, ses pompes à incendie et aussi le seul canon que possède cette cité autre-

L'ÉGLISE NOTRE-DAME A MANTES.

DESSIN DE A. DEROY.

fois guerrière, pacifique engin qui ne gronde que les jours de fête. ̄

Nous avons vu le bijou de Mantes, nous allons en voir la merveille : l'église Notre-Dame. Mais le profane se mêle au sacré et nous sommes à peine sur la place que nous nous arrêtons involontairement devant une jolie façade du dix-huitième siècle. C'est celle du théâtre mantais établi dans les bâtiments de l'ancien hôpital. Sur une petite porte enclavée auprès, dans une construction moderne, vous lisez encore cette inscription : *Céans est l'Hostel-Dieu*. L'extérieur est attrayant et, derrière cette muraille engageante, nous nous plaisions à supposer l'existence d'une salle coquette et artistiquement ornée. Nous avons été désillusionné ; la scène est de médiocre largeur, la salle rectangulaire, à plafond plat sans décorations, n'a qu'une seule galerie au-dessus de son parterre. Elle peut contenir environ cinq cents spectateurs. Les représentations, données par des troupes de passage, ont lieu à peu près tous les quinze jours (1).

Faisons quelques pas, nous sommes devant l'église Notre-Dame. C'est son nom et il nous semble qu'elle ne saurait en porter un autre tant elle rappelle notre chère et magnifique cathédrale de Paris. Elle est sa contemporaine, au reste, mais fut plus promptement achevée qu'elle; aussi, malgré les remaniements qu'elle a subis, a-t-elle conservé en son aspect général le caractère bien accusé des édifices du douzième siècle.

Si l'on se place devant la façade de Notre-Dame et qu'on lève les yeux vers le haut de l'édifice, on est frappé d'abord de l'élégance d'une galerie reliant, par deux étages de fines colonnes, deux tours qui découpent sur le ciel leurs vives arêtes, leurs frêles colonnes, leurs baies hautes et claires, puis des crochets d'encoignures et des tourelles en poivrière

(1) La ville possède encore un autre théâtre qui s'intitule *Théâtre de Mantes*, et que vous verrez rue Gambetta. Il n'a rien de monumental, celui-là ; sa salle est au fond d'une maison bourgeoisement habitée; on y accède par le jardin d'un café qui occupe le rez-de-chaussée.

renfermant les escaliers. Si l'œil descend vers le milieu de la
façade, il s'arrête charmé sur les rayons étrésillonnants d'une
rose à douze divisions qui n'a pas moins de 8 mètres de dia-
mètre et est l'une des plus anciennes que nous connais-
sions. Si le regard se reporte vers le sol, il est un moment
inquiété par les proportions différentes des trois portes ;
la porte centrale, plus haute que celle de gauche, est
moins élevée que celle de droite, d'où il résulte que cette
dernière, avec son pignon à jour et le galbe élégant qui la
couronne, captive l'attention au détriment de ses voisines.
On ne saurait décrire les formes élegantes, la finesse des
ornements, la légèreté d'ensemble de cette porte qui semble
la principale de l'église. Les figures sculptées courent sur
les arcades au-dessus des niches jadis garnies de statues
de saints ; les personnages symboliques processionnent
dans le tympan ; des monstres penchent sur l'espace leurs
visages effarés ; des colonnes fines comme des aiguilles sou-
tiennent des flèches qui montent plus haut que la rose centrale, elles sont accostées à leur base de riantes figurines et
couronnées à leur sommet de fleurons où l'imagination fantaisiste des artistes se manifeste par les plus gracieuses inven-
tions. Cette magnificence a été ajoutée à l'église vers l'an 1300.
Quant à la porte centrale, elle remonte aux premiers temps
de la construction ; elle a perdu pendant la période révo-
lutionnaire la plupart des statues qui l'ornaient ; ses colonnettes, ses voussures, son tympan, les sculptures qui la
décorent portent bien le cachet du douzième siècle. On peut
en dire autant de la petite porte du nord, quoique son
ornementation soit plus sobre.

Pénétrons dans l'intérieur. Nous serons frappé d'abord
par la grande et simple unité du plan général, émerveillé
par la hardiesse de l'élévation ; si la lumière était moins
vive, nous nous croirions soudain transporté dans notre
cathédrale parisienne. D'un seul coup d'œil nous embrassons la nef centrale large de 12 mètres, haute de 33, le rond-
point du sanctuaire, les collatéraux séparés de la nef par de
puissants piliers alternativement cylindriques ou cantonnés

de faisceaux de colonnes aux chapiteaux ornés de feuillages
variés ; entre les arcades du fond, nous verrons passer la
douce lumière des chapelles absidiales ; au-dessus des bas
côtés courent de larges galeries donnant sur l'intérieur
par une baie que partage une triple arcade aux délicates
colonnettes

L'édifice n'a pas de transept ; les cinq chapelles de l'abside ont été construites au quatorzième siècle ; la plus ancienne est celle de l'axe décorée extérieurement de galbes
simulés au-dessous des balustrades. La plus remarquable est
la chapelle de Navarre, que Viollet-le-Duc considérait comme
une des plus belles conceptions de l'époque. Ses voûtes re-
posent sur un pilier central et quatre grandes fenêtres à
meneaux, d'un dessin très pur, l'inondent de lumière.

Visitons encore la chapelle de la Vierge dont l'autel, copié
sur un modèle conservé à Saint-Denis, est fort curieux, et que
décorent trois belles verrières de Lusson, exécutées sur les
indications de Didron, d'après les dessins de Gérente, et
une statue de la Vierge de Bonnassieux. Arrêtons-nous un
instant auprès d'un panneau en chêne sculpté, ancien devant
d'autel placé sous l'orgue et représentant la cène du jeudi
saint. L'auteur de ce beau groupe est, à ce que l'on prétend, un artiste mantais nommé Chambors, qui vivait sous
Louis XIV. La composition est d'une fort bonne ordonnance
et les physionomies vivantes et expressives font involontairement penser à des portraits. Près de la porte de la
sacristie, on voit encore la pierre tombale de Robert Gué-
riteau, curé de Mantes, fondateur des couvents des ursulines et des dames de la Congrégation, qui décéda le
16 mai 1644, à l'âge de soixante-trois ans.

Peut-être nos lecteurs auront-ils la tentation de visiter les
parties hautes de l'édifice ; il est absolument merveilleux le
spectacle qu'elles offrent. Vues de la galerie, c'est une forêt
d'arcs-boutants, de colonnes, de combles de chapelle, pittoresque, touffue, enveloppant tout le vaisseau de l'église
et semblant jaillir de ses profondeurs. Si nous montons sur
le sommet d'une tour, nous sommes à 64 mètres au-dessus

du pavé ; nos regards plongent sur la ville, nous en reconnaissons tous les monuments, nous suivons les sinuosités de toutes ses voies. Voici le couvent des bénédictins, le petit beffroi de l'hôpital, la vallée de Vaucouleurs, l'Hôtel de Ville, la forêt de Rosny ; plus près de nous, l'ancien hôtel de Gabrielle d'Estrées, la tour Saint-Maclou splendide à voir d'ici, Gassicourt, son église et ses plaines ; puis les collines de Rolleboise, de Vernon et de Gargenville, l'ermitage Saint-Sauveur, un point noir sur le coteau vert, l'île aux Dames, promenade favorite des Mantais, une traînée verte sur le fleuve reflétant le bleu du ciel. Le clocher de Limay et la tour de sa mairie se dressent d'un côté au bout du pont et, si nous nous retournons de l'autre, au loin, baignée dans l'azur, nous distinguons la silhouette du mont Valérien.

Mais il faut s'arracher à ce spectacle ; tout en redescendant, nous allons rappeler encore quelques souvenirs relatifs à Notre-Dame.

C'est vraisemblablement avec les deniers laissés à Mantes par Guillaume le Conquérant que la construction de l'église fut entreprise, à la place même où s'en élevait une autre que ses troupes avaient incendiée. Philippe-Auguste dut trouver l'édifice arrivé à la hauteur de la galerie et le fit achever ; nous avons constaté, en le parcourant, les additions successives que les siècles suivants lui ont apportées. Philippe-Auguste, nous l'avons rappelé déjà, avait une affection toute particulière pour la ville et une grande dévotion pour sa Notre-Dame ; il en prit le titre d'abbé et mourut à Mantes le 14 juillet 1223. La tradition assure que son cœur a été renfermé dans un caveau de l'église. Lors de certaines réparations, entreprises il y a quelques années, on a retrouvé sous le sanctuaire une cassolette renfermant une matière desséchée, assez semblable à l'éponge, et que le toucher réduisait en poudre. Était-ce le cœur du roi ? La question n'a pas été résolue.

De fort importantes restaurations ont été faites à l'édifice, sous la direction de Durand, qui avait pour lui un culte profond et une admiration sans bornes, et aussi, disons-le,

comme artiste, une entente parfaite des choses du passé.
Sans entrer dans le détail des travaux accomplis par l'architecte, signalons seulement, pour en montrer la valeur
et l'importance, la restitution de la galerie qu'une muraille
remplaçait depuis longtemps, la réfection des tours, du
portail et de plusieurs chapelles. En mourant, M. Durand a
laissé une certaine somme à l'église, pour que l'œuvre
qu'il avait entreprise pût être continuée.

Dans ce monument, un peu vaste pour une ville de
8000 âmes, se tint en 1593, alors que Mantes était à peu
près la capitale du royaume de Henri IV, une assemblée de
théologiens protestants et catholiques, qui discuta les
dogmes de la foi afin d'éclairer la conscience du Béarnais ;
cette *dispute de Mantes* nous paraît n'avoir pas eu de résultats plus concluants que le *colloque de Poissy*. Il est probable
que, tandis que les docteurs discutaient, le roi pensait déjà,
à part soi, que Paris valait bien une messe.

Tout ce que nous pourrions visiter maintenant paraîtrait
bien pâle après ce que nous avons vu, et c'est à une sorte
de nomenclature que nous allons avoir recours pour compléter nos renseignements sur la ville, avant de la quitter.

Nous vous avons parlé de l'hôtel de Gabrielle d'Estrées.
Vous le verrez rue Baudin, où vous trouverez encore l'ancien
hôtel de Mornay ; là Louis XIV enfant descendit avec sa
suite. Quant à l'hôpital général, que nous vous avons signalé
aussi, c'est encore l'architecte Durand qui l'a construit en
1854. Il reçoit des vieillards des deux sexes et des enfants
assistés ; les soins sont donnés aux pensionnaires par les
sœurs de Saint-Vincent de Paul de Chartres ; l'administration
est confiée à un conseil que préside le maire de la ville.
Nous vous avons parlé des tanneries ; elles ne constituent
pas la seule industrie du pays ; il fait un commerce important de céréales, et l'on y voit une fabrique de papier
à cigarettes et une fabrique d'instruments de musique.
A l'extrémité de la ville, dans le faubourg Saint-Laurent, est
la gare de Mantes, où le chemin de fer de Cherbourg s'em-
branche à celui de Rouen.

Gassicourt, Rosny, Rolleboise, Bonnières.

Une route directe et de peu d'étendue conduit de Mantes
à Gassicourt. Peut-être le touriste — nous ne saurions l'en
blâmer — préférera-t-il suivre les bords de la Seine, resserrée ici entre la terre et les rives de la jolie île des
Dames ; un petit chemin, qu'il ne tardera pas à rencontrer,
lui permettra d'atteindre le village et de passer devant la belle
fabrique de papier à cigarettes, qui occupe un vaste paral-
lélogramme en avant du village. Gassicourt n'a guère plus
de 600 habitants, mais il ne faudrait point passer indifféremment devant lui ; il a son histoire, ses illustrations et ses
curiosités. De vieilles chartes le nomment successivement
Gati, Gaci-Curia et Gassicourt. En 1049, des chanoines ré-
guliers y fondèrent un monastère, qui fut placé sous le
patronage de saint Éloi. Au treizième siècle, des bénédictins de Cluny remplacèrent ces moines, et la maison devint
un riche prieuré que Bossuet posséda au dix-septième
siècle, après M. de Bédacier, et qui fut démoli en 1720. De
ce prieuré, il subsiste l'église Saint-Éloi, intéressante à voir
même quand on est encore sous l'impression d'une visite à
Notre-Dame de Mantes.

L'édifice, classé parmi les monuments historiques, est en
partie du onzième siècle, en partie du treizième ; il affecte
la forme d'une croix latine ; sa grosse tour quadrangulaire
est percée, sur chaque face, de trois fenêtres surmontées
de modillons d'où s'échappent des têtes grimaçantes. La
façade, d'aspect sévère, a été restaurée par Durand, que
nous avons vu à Mantes, et que nous retrouverons à Limay,
car il fut pendant un certain temps le grand architecte de
la contrée. A l'intérieur, tout pavé de pierres tombales, les
collatéraux ne dépassent pas le transept et communiquent
avec la nef par des arcades plein cintre reposant sur de
lourdes colonnes, dont les chapiteaux sont décorés de
figures, de palmettes, d'entrelacs, d'étoiles, de crosses, formant de très minces saillies.

Des stalles et des boiseries dont la municipalité a refusé
des sommes importantes, occupent les travées supérieures
de la nef; là se tenaient les religieux. Quant aux paroissiens, ils devaient être plus qu'à l'aise dans l'église, au
temps où l'on en comptait tout juste onze. Ces stalles se
composent d'une quarantaine de panneaux et forment en
leur ensemble un fort joli décor; il est inutile de le faire
observer, la fécondité d'imagination des artistes du quinzième siècle étant connue, pas un sujet ne se répète, aucun
ornement ne frappe deux fois le regard. Dans cette église
on voit aussi une curieuse Vierge en bois du treizième siècle;
bien que fort abîmée, on retrouve dans l'attitude de la
Vierge, dans la physionomie de l'enfant Jésus, dans les dra-
peries des vêtements, le cachet d'un artiste consommé (1);
la tradition prétend que ces figures sont les portraits de
Louis IX enfant et de sa mère.

C'est presque un musée archéologique, cette petite église;
nous voici dans le sanctuaire, et dans les hautes fenêtres
nous voyons, habilement restaurées en des temps modernes,
de fort belles verrières données à l'église par la reine
Blanche de Castille et par saint Louis; elles représentent
divers saints et une longue suite de sujets évangéliques,
depuis l'entrée de Jésus à Jérusalem jusqu'à la Pentecôte;
cette partie comprend vingt-quatre tableaux. Les verrières
sont ornées des armes de France et de Castille et sont,
outre leur valeur artistique, curieuses à étudier au point de
vue de l'arrangement, de la forme et de l'ornementation des
costumes ecclésiastiques du treizième siècle. Dans le sanctuaire encore, on conserve une magnifique pierre tombale,
retirée du pavage de l'église et restaurée en 1885-1886. Voici
l'inscription qu'elle porte, telle que vous pourrez la lire :
*Ici gist frère Thoumas Debrienne, prieur de Gassicourt, qui
trespassa en l'an de grâce 1278 ; priez pour l'âme de li.* Dans
la sacristie, on vous montrera une croix d'autel du douzième

_____

(1) Le musée du Trocadéro, à Paris, possède un moulage en
plâtre de cet intéressant objet d'art.

siècle en cuivre repoussé, appliqué sur bois, et deux bas-reliefs en bois provenant d'un retable du quinzième siècle, sur lequel toutes les scènes de la Passion étaient représentées. Les deux panneaux qui restent figurent la descente de croix et la remise du corps de Jésus à Joseph d'Arimathie. Ils sont assez intéressants pour faire regretter que les autres soient perdus. Ne quittez pas l'église, enfin, sans voir les curieuses fresques qui décorent les murailles d'une chapelle, à droite du chœur.

A travers plaine d'abord, à l'ombre des futaies de la butte Verte ensuite, nous marchons pendant trois quarts d'heure peut-être et nous arrivons au village de Rosny. Les maisons du bourg se groupent à gauche de la route de Rouen; le château et ses dépendances occupent à droite un vaste espace que limite la coulée de la Seine.

Ici, les souvenirs historiques vont nous revenir en foule, mais ils ne nous empêcheront pas d'admirer tout d'abord et la charmante situation du pays, et les ravissants points de vue qu'il permet de découvrir de tous côtés. On le visite peu, ce pays, et c'est, selon nous, dommage; il méritait mieux que l'oubli dans lequel il est tombé. Peut-être est-ce son grand âge qui attire sur lui ce dédain; peut-être est-ce la modestie de ses 750 habitants, songeant moins à faire parler d'eux qu'à soigner leurs bestiaux et à labourer leurs champs. Nous ne savons; nous constatons le fait et ne tentons point de l'expliquer.

Nous avons dit que Rosny est vieux, et la chose est prouvée, car des fouilles faites sur son territoire ont permis de découvrir des sépultures romaines et de trouver des pièces aux effigies d'Antonin, de Marc-Aurèle, de Constantin, c'est-à-dire des tout premiers siècles de notre ère. Pourtant, les documents historiques ne se peuvent classer qu'à partir de l'an 1070. Les seigneurs du lieu sont alors ces Mauvoisin, qui fournirent une longue lignée de gens de guerre braves et vaillants, et aussi quelques prélats distingués. Rosny resta dans leur famille jusqu'en 1365, puis il passa successivement et à diverses époques dans les maisons de Melun et de Béthune. Jean de Béthune, quatrième du nom, fut le grand-père de Sully, qui, on le sait, naquit dans le château de Beuron en 1559 (1). En 1719, le domaine passa dans la famille de Senozan ; puis, soixante ans plus tard, il devint la propriété des Talleyrand-Périgord. Le duc de Dino le vendit en 1817 à un négociant parisien nommé Mourault, qui, dès l'année suivante, le céda au duc de Berry. M. Stone, banquier anglais, acheta le château en 1831, puis le revendit au comte de Le Marois, en 1840 ; c'est de ce dernier que l'acquit, vingt-neuf ans plus tard, M. Lebaudy, décédé au commencement de 1890, et dont la veuve est aujourd'hui la châtelaine accueillante aux visiteurs et vénérée par la population à cause de son inépuisable bienfaisance (2).

Trois prieurés : Saint-Wandrille, Saint-Étienne et Saint-Antoine, ont eu, à Rosny, de longues années de prospérité. Ainsi que vous l'avez deviné, il n'en reste plus de traces.

C'est au château que nous allons tout d'abord rendre visite. Il occupe l'emplacement d'une sorte de forteresse qu'habitèrent les Mauvoisin et qui fut à peu près détruite par les Anglais en 1435. Les constructions actuelles ont été commencées par le ministre de Henri IV ; mais interrompues en signe de deuil lors de la mort du roi, couvertes à la hâte, elles restèrent pendant deux siècles en l'état où Sully les avait laissées, et ce fut la duchesse de Berry qui fit achever l'édifice sur les plans anciens, mais sans toutefois lui donner les grandes proportions qu'il devait originairement atteindre.

Tel quel, il a grand air encore, ce château avec sa façade de briques rouges, ses chaînages de pierre, ses hauts combles

---

(1) A moins de 2 kilomètres au sud de Rosny est le petit village de Beuron ; on y montre encore les ruines du château natal de Sully, mais elles sont dans un état de délabrement tel qu'en leur présence la curiosité fait place à la tristesse. Nous n'avons pas jugé à propos d'y conduire nos lecteurs.

(2) Dans un fort intéressant ouvrage : *Rosny-sur-Seine, où est né Sully,* publié en 1889, M. l'abbé Henri Thomas, desservant de la commune, a dressé une liste très exacte des seigneurs de Rosny et des propriétaires du château depuis l'an 1070.

ardoisés dressant leurs pointes vers le ciel, son campanile un
peu grêle, ses cheminées hardies, ses croisées à meneaux d'un
si délicat travail, ses deux pavillons d'angles encadrant bien
le corps de logis central, ses larges et profonds fossés, sa
grille d'honneur, un chef-d'œuvre de serrurerie, et enfin son
beau parc exhaussé en terrasse sur les bords de la Seine.

On ne vous montrera plus les mûriers que Sully avait
plantés et qu'on a longtemps conservés ; mais à l'intérieur,
à côté des splendeurs modernes apportées par le propriétaire,
vous verrez des souvenirs de ceux qui ont jadis illustré la
demeure. Un grand salon, que l'on appelle le *salon jaune,* est
demeuré dans l'état où l'a laissé la duchesse de Berry, qui,
on se le rappelle, faisait de Rosny sa résidence d'été. Il y a
là une superbe glace de Saint-Gobain, un lustre magnifique,
tout un ameublement dont les tapisseries ont été faites par
la duchesse et ses dames d'honneur. Deux portraits, celui
de Henri IV et celui de Sully, sont accrochés aux murs. Un
autre salon est décoré de tapisseries des Gobelins représentant des scènes de chasse signées Oudry et datées de
l'année 1727. Mais la plus merveilleuse de toutes ces pièces
est la salle à manger, dont la splendide cheminée en chêne
sculpté captive immédiatement le regard ; son manteau en
saillie fuit vers les solives, couvert de rinceaux, de chimères,
d'arabesques et de personnages encadrant artistement un
sujet principal composé de deux groupes de cavaliers fran-
chissant les portes fortifiées d'une vieille ville et se dirigeant
l'un vers l'autre ; aux angles, se dressent les statues de sainte
Geneviève et de saint Georges en guerrier du moyen âge.
L'œuvre, magistrale en son ensemble, est d'une exécution
parfaite en ses multiples détails. Des bahuts sculptés, des
sièges aux dossiers ajourés, un dressoir aux armes de
France et de Berry, des armures d'acier, montées et luisantes,
une statuette de la Vierge, ravissante de pose et d'expression,
de précieuses tapisseries complètent l'ameublement et l'ornementation de cette salle, et sous son plafond bleu rayé
de solives peintes, le regard perdu dans les profondes ver-
dures du parc, on se croit soudain transporté dans une

LA SALLE A MANGER DU CHATEAU DE ROSNY.

DESSIN DE CH. FICHOT.

splendide demeure seigneuriale du temps de la renaissance.

Nous n'en finirions pas si nous voulions énumérer tous les
souvenirs et tous les objets d'art que renferme cette magnifique demeure. Contentons-nous de signaler une vieille et
curieuse tapisserie qui décore le plafond du cabinet de
travail de M. Lebaudy ; très séduisante en son coloris, très
bien comprise au point de vue de l'ordonnance, elle représente le *Martyre de saint Jacques* à Jérusalem; une autre
plafonne la chambre à coucher et reproduit le *Triomphe de
Mardochée.* Ici, parmi de curieux émaux, au milieu de
cuivres repoussés d'un fort beau travail, notre œil se repose
sur un joli Fragonard et sur un magistral·portrait du duc
d'Albe par Van Dyck. La salle de billard est ornée d'une composition de Prudhon dont nous avouons ne pas bien com-
prendre le sens : c'est une *Apothéose de Napoléon Ier* ; il est
représenté vêtu du costume romain, couronné de lauriers,
debout sur un quadrige, entre Joséphine et Marie-Louise.
Bien que l'exécution picturale soit fort belle, l'œuvre paraît
étrange. Signalons encore un grand paysage de Carle Vernet
et un portrait de M. Lebaudy signé Jalabert.

Tout récemment, on a mis à découvert le curieux plafond
à solives de la chambre qui fut celle de Sully; elle est de
belles proportions et actuellement coupée en deux par une
cloison qui disparaîtra dans un temps prochain. Cette pièce,
l'une des plus intéressantes de la demeure historique, sera
alors reconstituée et reprendra l'aspect qu'elle avait au
commencement du dix-septième siècle.

A quelques pas du château, vers la Seine, la duchesse de
Berry avait fait construire un petit pavillon de forme octogonale que le comte Le Marois a converti en chapelle. Ne
manquez pas de visiter ce coquet oratoire; il renferme, outre
de jolis vitraux signés Lusson, deux toiles d'une facture
originale et puissante, œuvres du grand maître espagnol
Ribera. Jamais, peut-être, le sentiment dramatique qui distingue le peintre ne s'est plus fortement accusé que dans
le *Martyre de saint Barthélemy.* L'apôtre, de grandeur natu-

relle, suspendu par les poignets à un tronc d'arbre et sur le point d'être écorché vif, se détache en pleine lumière au centre de la toile; le torse nu est admirable de modelé, l'expression du visage saisissante d'énergie; les fonds fuient dans un de ces mystérieux clairs-obscurs familiers au maître. En regard et de mêmes dimensions est le *Martyre de saint Laurent.*

En quittant le château, nous irons visiter l'hospice Saint-Charles, fondé en 1820 par la duchesse de Berry pour recevoir douze vieillards hommes et femmes; il est devenu un orphelinat de jeunes filles que dirigent les sœurs de la Sainte-Enfance, dont la maison mère est à Versailles. Le duc de Parme subvient aux frais de l'institution.

C'est l'architecte Frœlicher qui fut chargé de la construction de l'hospice, et aussi de celle de la chapelle dont nous nous entretiendrons tout à l'heure. L'hospice s'élève au fond d'une spacieuse cour plantée de tilleuls et ornée de pelouses; il se compose de deux pavillons d'un style simple et sévère, reliés par un large portique surbaissé. Sur le fronton on lit cette inscription :

HOSPICE SAINT-CHARLES,
FONDÉ PAR MADAME LA DUCHESSE DE BERRY — 1820.

À droite et à gauche dans le vestibule d'entrée on lit encore les anciennes dénominations des salles : *Salle des hommes, Salle des femmes;* la première est maintenant une classe, la seconde un dortoir; la cour intérieure avec les galeries qui l'entourent et la chapelle qui en occupe le fond n'est pas sans avoir quelque ressemblance avec le préau d'un cloître. La chapelle, simple, austère, rappelle le monument de Louis XVI de la rue d'Anjou. C'est une masse carrée, bâtie en belles pierres de Chérance et surmontée d'un petit dôme que termine la couronne royale. La froideur évidemment voulue de l'édifice se retrouve à l'intérieur. Un seul autel en porphyre rouge avec un tabernacle de bronze occupe le fond de la chapelle ; derrière lui est le cénotaphe en marbre blanc où le cœur du duc de Berry fut déposé et resta jusqu'en 1830 (1). Au-dessus du cénotaphe se dresse, haute de 2 mètres, une belle statue de saint Charles Borromée, patron du duc, œuvre du sculpteur Rutchiel. La chapelle est éclairée par quatre fenêtres dont les vitraux reproduisent les traits de plusieurs rois de France. Le mobilier est encore celui que la duchesse a fait installer en 1824, époque où la chapelle fut bénite par les évêques de Chartres et d'Amiens. Sous le dallage, derrière l'autel, est enfermée une caisse en chêne contenant les vêtements et le linge que portait le duc de Berry le jour de sa mort.

Rosny qui, dès l'an 1201, avait déjà son école, a maintenant, comme presque toutes les communes, ses écoles et sa mairie réunies en un bâtiment unique qu'on inaugura en 1880. Bien que sans prétention au luxe, l'édifice est assez coquet ; mais par malheur, ainsi que le fait remarquer M. Henri Thomas, dans le livre dont nous avons parlé plus haut, il manque auprès de lui un peu de cet espace, de cet air, de cette lumière si nécessaires aux constructions de ce genre pour les mettre en valeur.

Saint Lubin est de temps immémorial le patron de Rosny ; il y a peu de temps encore, vous eussiez pu voir le vieil et modeste édifice qui, depuis un millier d'années, était placé sous son invocation.

Aujourd'hui, il n'en reste plus rien, et c'est au milieu d'une place plantée d'arbres que s'élève une église toute neuve, construite aux frais de Mme Lebaudy et consacrée, le 7 avril 1892, par l'évêque de Versailles.

En mémoire de M. Lebaudy, cette nouvelle église porte le nom de Saint-Jean-Baptiste-Saint-Lubin ; elle a été solennellement inaugurée le jour de Pâques 1892 par une splendide exécution de la messe de Niedermeyer. Les artistes de l'Opéra avaient prêté leur concours à cette fête.

On accède à Saint-Jean-Baptiste-Saint-Lubin, dont M. Cou-

(1) Après être resté depuis 1830 en la possession de M. le marquis de Rosambo, petit-fils du comte de Ménard, le cœur du duc de Berry a repris, en 1890, sa place dans le sarcophage de Rosny.

lomb, architecte, a fourni les plans, par un portail orné au tympan d'un bas-relief de M. Jacquier, de Caen, d'un bon sentiment religieux ; au-dessus s'élève une tour carrée terminée par une flèche ardoisée. Le vaisseau se compose d'une nef haute, large, sonore, accostée de bas côtés un peu trop étroits selon nous. Les fenêtres sont ornés de vitraux de M. Champignolles, dont quelques-uns sont fort remarquablement exécutés.

Outre des vases sacrés qui lui ont été donnés par Charles X et la duchesse de Berry, outre le chef de saint Quirin apporté jadis par les religieux de Saint-Wandrille, outre un *Baptême du Christ,* curieux groupe en bois donné par M. Martin Le Roy, et de fort beaux fonts baptismaux, cette église est fière de posséder encore deux œuvres de Corot.

La première, non signée, est placée dans la sacristie du bas côté gauche ; c'est un chemin de croix qu'on ne serait pas tenté d'attribuer au grand artiste, mais dont, pourtant, il est bien réellement l'auteur. Il exécuta les quatorze stations en quelques années, pendant les visites qu'il venait faire à une de ses parentes, Mᵐᵉ Osmond. Le chemin de croix fut solennellement bénit le 21 mai 1859. Quant à l'autre œuvre, elle est placée en bonne lumière dans la sacristie du bas côté droit ; signée celle-là, et bien que de la première manière du maître, elle est réellement digne de son grand talent. C'est une *Fuite en Égypte* qui figura au salon de 1846. Les personnages sont ici de peu d'importance, mais le paysage est magnifique et présente cette particularité de reproduire le site même où nous sommes. Cette rivière que vient de traverser la Sainte-Famille, c'est la Seine ; ce batelier armé d'une grande perche qui s'éloigne avec sa barque, c'est celui qui, en ce temps-là, était passeur entre Rosny et Guernes. Regardez cette chaîne de collines qui forme le dernier plan du tableau, vous la reconnaîtrez tout à l'heure quand nous irons à la Roche-Guyon.

Quittons Rosny par les bords de la Seine, ici fort large ; nous ne tardons pas à atteindre Rolleboise. Le village

s'étend sur la rive du fleuve et garnit de ses vieilles masures
une colline escarpée que domine une pauvre église entourée
d'un cimetière. Ici les rues sont des sentes étroites et rocail-
leuses s'ouvrant entre de vieux murs et dominant parfois
de véritables précipices. Ces ruelles se superposent de si
bizarre façon que le sol de l'une se trouve fréquemment au
niveau des cheminées de l'autre ; en de certains endroits, on
passe sous des masses rocheuses, couronnées de maigres
arbres ; plus loin, de vieux murs se sont écroulés ; on se

Rolleboise.

trouve en présence de fantastiques éboulis. Du sommet de
la colline, on jouit encore d'une de ces vues dont le regard
ne se lasse jamais : la Seine et ses îles, une foule de pays,
la Roche-Guyon, Vétheuil, Mousseaux, Moisson, Méricourt
et son curieux barrage, au bout de l'île de la Sablinière,
Guernes, ses plaines fécondes et ses fourrés giboyeux,
Rosny et son château tout près de soi, et, au loin, Mantes
dessinant fièrement ses pittoresques silhouettes.

Ce petit pays, si calme aujourd'hui, où les femmes tricotent
assises sur leurs portes tandis que les maris sont aux
champs, fut jadis un repaire d'aventuriers redoutés de toute

la contrée; les caves immenses et profondes, réputées pour leur fraîcheur, qui s'étendent sous la plupart des constructions, étaient des cavernes où les bandes se réunissaient pour comploter leurs expéditions et partager leur butin. Il fallut entrer en guerre avec ces détrousseurs et donner un but à leur activité. Du Guesclin, qui les avait réduits à merci, les emmena vers les Pyrénées, au secours de Henri de Translamare, et le pays fut délivré.

Par un chemin qui court sur la colline, entre les vignes qui le bordent à gauche et les escarpements qui dévalent à droite, nous gagnons Bonnières, bourg assez insignifiant, que recommandent seules les ruines du château de Mesnil-Regnard, malheureusement assez éloignées du long pays. Ces ruines se composent de la carcasse crevassée d'un donjon qui dut être construit au dixième siècle. Auprès d'elles on voit une ferme bizarre et juchée sur des piliers.

Non loin de Bonnières est Freneuse, aux champs plantés de navets dont la réputation de succulence est ancienne et méritée.

Gloton, Tripleval, Clachalèze.

Nous traversons la voie ferrée, un long pont jeté sur la Seine, ici bordée de prairies et coupée d'îles; nous passons par l'une d'elles, la Grande Ile; un autre pont s'ouvre devant nous. Son extrémité atteinte, nous sommes entre deux villages, Rennecourt à gauche, Gloton à droite; ce dernier s'appuie sur une colline boisée et regarde la Seine.

Laissant le fleuve à notre droite et rentrant dans les terres, nous longeons le pied du coteau qui s'affaisse un peu quand nous arrivons à Tripleval, village aux murailles pierreuses qui s'étend silencieux sur un assez vaste territoire. Au sortir du pays, la Seine reparaît à notre droite, et les roches commencent à surgir sur le flanc du coteau qui se redresse brusquement. Hautes, abruptes, couvertes de maigre gazon, grises comme de vieilles fortifications, rayées horizontalement de blancheurs éclatantes, ces roches sont

LA SEINE A BONNIÈRES.

DESSIN DE F. DE MONTHOLON.

inaccessibles parfois comme des falaises, souvent percées
de grottes dont le regard cherche vainement à sonder la
profondeur. Au milieu d'elles et contrastant avec leur sau-
vagerie apparaissent çà et là de gracieux vallonnements
couverts de vignes et de champs cultivés. Souvent les cavernes s'ouvrent à des hauteurs vertigineuses, on devine la
présence de chambres immenses; parfois sous des voûtes,
on aperçoit des piliers informes qui, de loin, ressemblent

Les falaises de Tripleval.

vaguement à des colonnes de cathédrale. Là serpentent des
sentiers montueux; sortes d'escaliers embryonnaires et fantastiques, ils font penser à cette légende où les marches
sont fées. Ici une pointe se dresse comme un pignon de
chapelle; plus loin, un renflement dessine la tour d'une
vieille forteresse; ailleurs, de véritables habitations avec
portes, fenêtres, cheminées, ont été installées dans la
roche, et cela continue ainsi tout autour de la presqu'île
surplombant tout à coup un village, Clachalèze, où l'on
prétend qu'un orme magnifique, qui occupe le centre d'une
petite place, est un arbre de liberté planté en 1793. Nous

sortons du village, nous sommes dans une sorte de cirque alternativement, ou mieux tout à la fois, vert, gris et blanc : le vert, c'est la couleur qui tapisse une interminable suite de coteaux ; le gris, c'est celle des roches qui se dressent, longues, droites, minces, semblables aux colonnes découronnées d'un gigantesque temple ; le blanc, c'est la partie crayeuse qui s'embrase au soleil d'un éclat diamanté véritablement féerique. Soudain une vieille tour abandonnée se profile sur la hauteur ; nous sommes à la Roche-Guyon.

DE

LA ROCHE-GUYON A ARGENTEUIL

RIVES DE LA SEINE

ITINÉRAIRE

La Roche-Guyon : fontaine, halle, mairie, église, château, hôpital, orphelinat Fortin, chapelle de l'hôpital; **Haute-Isle**; **Chantemelle** ; **Vétheuil** : église Notre-Dame; **Saint-Martin-la-Garenne**; Sandrancourt; **Guernes** : église de l'Assomption ; Dennemont; **Limay** : ermitage Saint-Sauveur, le vieux pont, hôtel de ville, église; **Porcheville** : église Saint-Fiacre; **Issou**; **Rangiport** ; **Gargenville** : église; **Juziers** : église Saint-Michel ; Meulan: pont, hôtel-Dieu, hôtel de ville, halle, caisse d'épargne, chapelle Saint-Michel, église Saint-Nicolas, chapelle Saint-Jacques; **Gaillon** : château; **Évecquemont** : église ; **Vaux** : les fabricants de perles fausses, hauteurs de l'Hautie ; **Cheverchemont; Triel** : église ; **Chanteloup; Carrières-sous-Poissy** : église, château de Champfleury; **Denauval; Trélan; Andresy** : cimetière mérovingien, pont de Conflans, église; **Conflans-Sainte-Honorine** : la baronnie, église Saint-Maclou ; **Herblay** : église Saint-Martin ; **Montigny-lèz-Cormeilles** : église ; **la Frette** : église ; **Cormeilles-en-Parisis** : maison natale et monument de Daguerre, église, mairie, école, hôpital; **Franconville** : *Maison Rouge*, château; **Sannois** : église, les moulins, moulin d'Orgemont, galerie couverte ; **Argenteuil** : église Saint-Denis, tour Belly, hôtel de ville, champ de Mars, pont d'Argenteuil.

DIXIÈME EXCURSION

La Roche-Guyon.

Le village de la Roche-Guyon est de peu d'importance ; il a 540 habitants environ, mais il n'en est pas moins un des plus célèbres de la contrée que nous parcourons et l'un de ceux que les touristes ne manquent jamais de visiter. Nombreux sont les faits historiques qui constituent les annales du bourg ; illustres sont presque tous les personnages qui ont possédé son antique château ou qui en ont été les hôtes.

S'il faut en croire la tradition, peu de maisons pourraient se vanter d'être aussi anciennes que celle des Guy de la Roche ou des La Roche-Guyon ; la lignée est la même, le nom s'est modifié avec le temps. Dès le troisième siècle, une pieuse dame de la famille s'illustra en recueillant les corps de saint Nicaise et de ses compagnons martyrisés à Gasny-sur-Epte. Quant au château, il est certain qu'il existait dès le neuvième siècle. Les seigneurs féodaux, batailleurs et un peu pillards, avaient très intelligemment choisi ce lieu pour y bâtir une forteresse. Du haut de ce roc escarpé, ils dominaient les interminables plaines des deux Vexin, surveillaient le fleuve, et n'avaient qu'un chemin fort court à faire pour piller les bateaux et rançonner les marchands. Sous le château s'étendaient d'immenses souterrains qui, en cas de trop vive alerte, assuraient la retraite ou permettaient la fuite soit par les rives de la Seine, soit par la campagne. Tour à tour vassaux des rois de France ou de ceux d'Angleterre, les seigneurs de la Roche-Guyon se croyaient à l'abri sinon de toute attaque, au moins de toute défaite en leur donjon aux murs énormes, entouré d'une

LE CHATEAU DE LA ROCHE-GUYON.

DESSIN DE F. DE MONTHOLON.

triple enceinte. Les événements leur ont prouvé plus d'une
fois que la place n'était pas imprenable.

On écrirait un volume si l'on voulait rappeler les souvenirs, quelquefois héroïques, souvent dramatiques et san-
glants, que le château permet d'évoquer; nous serons sobres
de ces détails et nous nous bornerons à citer quelques épisodes où le lecteur pourra retrouver un reflet exact des
temps chevaleresques et barbares d'abord, puis des époques
suivantes, tour à tour fastueuses, studieuses et enfin simplement policées qui nous ont amenés aux jours présents.

L'un de ces plus caractéristiques récits remonte au douzième siècle. Le château de la Roche-Guyon appartenait
alors à un seigneur qui avait épousé la fille d'un certain
Guillaume, Normand d'origine, fort riche en sa province,
mais ambitieux et peu scrupuleux sur le choix des moyens
qu'il employait pour augmenter sa fortune et sa puissance.

Un jour, ce Guillaume eut envie de posséder le château
de son gendre; il s'en empara par traîtrise, puis, pour être
sûr qu'il ne lui fût point repris, il assassina Guy et aussi sa
propre fille qui avait tenté de défendre son mari. L'aventure
fut racontée au roi Louis le Gros; celui-ci envoya des troupes
pour châtier le seigneur félon. Le château fut emporté
d'assaut, Guillaume et ses principaux complices mis à mort,
et pour que les Normands apprissent comment s'exerçait
la justice du roi, leurs corps mutilés furent placés dans une
barque qu'on abandonna au fil de l'eau.

En 1360, lorsque Charles le Mauvais avait sa cour à
Mantes, les châteaux de Vétheuil, de la Roche-Guyon et de
Rolleboise étaient devenus de véritables repaires de brigands. Du Guesclin fut envoyé contre ces turbulents, les
vainquit, nous l'avons dit en passant à Rolleboise, rasa le
château de Vétheuil, mais dut laisser debout celui de la
Roche-Guyon : alors, on ne démolissait pas un rocher.

Plus tard, en 1416, quand Henri V, roi d'Angleterre, avait
son quartier général à Mantes, il se trouva gêné par cette
forteresse qui tenait pour Charles VI et menaçait la sûreté
de ses communications avec Rouen. Il attaqua le château

et s'en rendit maître. Pierrette de la Rivière, veuve de Guyon VI tué à Azincourt, l'avait défendu jusqu'à épuisement total de vivres et de munitions. Au roi anglais qui consentait à lui laisser tous ses autres domaines en échange de son château, elle adressa cette fière réponse : « J'aime mieux tout perdre et m'en aller, dénuée de tout, moi et mes enfants, que de trahir le roi, mon seigneur, et de remettre mon fort aux mains des ennemis du royaume. » Nous vous l'avions dit et vous le voyez, on trouve des pages héroïques dans les annales de la Roche-Guyon.

Passons rapidement sur les temps qui suivirent, laissons Guyon VII reprendre le château aux Anglais en 1449, et les seigneurs y vivre un siècle, en imposant aux bateaux qui passaient force droits d'acquit et de péage, et transportons-nous par la pensée à la journée du 28 février 1545. Il a fortement neigé, ce jour-là ; François Ier et toute sa suite remplissent le domaine de bruit et de mouvement ; le marquis de Silly, alors titulaire de la seigneurie, fait succéder les fêtes aux festins, en l'honneur de ses hôtes ; dans la cour, les jeunes seigneurs se livrent bataille à coups de pelotes de neige. Involontairement ou par traîtrise, un des combattants lança, dans cette mêlée pacifique, un coffret qui atteignit si malheureusement le comte d'Enghien à la tête, qu'il mourut des suites de sa blessure. Le comte d'Enghien avait vingt-trois ans ; il y avait dix mois qu'il avait gagné la bataille de Cérisoles.

Henri IV, quand il guerroyait dans la contrée, visitait souvent le château de la Roche-Guyon et aimait à y recevoir l'hospitalité. La châtelaine était alors une belle, gracieuse et spirituelle personne, fort attachée à ses devoirs d'épouse, et qui, lorsque le galant Béarnais devenait trop pressant, le laissait au château et allait se réfugier de l'autre côté de la rivière, dans la maison du péage.

Au siècle de Louis XIV, le château de la Roche-Guyon brille d'un vif éclat ; il est le rendez-vous d'une société aimable et lettrée. Mme de La Fayette y donne la réplique à Mme de Sévigné ; François de La Rochefoucauld, propriétaire du domaine, s'enferme dans son cabinet, met la dernière main à ses *Maximes* ou rédige ses *Mémoires*. Son fils avait épousé la fille de Louvois, et c'est au château que le ministre contresigna la révocation de l'édit de Nantes. Son petit-fils, Alexandre de La Rochefoucauld, relégué à la Roche-Guyon par suite de quelques démêlés avec la duchesse de Châteauroux, fut, pendant dix ans, la véritable providence du pays. C'est lui qui, lorsque sévirent les disettes et les épidémies, vint au secours de la population affamée et décimée ; c'est lui qui fit creuser dans la roche ce vaste réservoir, qui passe, non sans raison, pour une merveille ; enfin, il fit édifier cette petite fontaine que vous voyez sur la place. Certes, elle présente peu d'intérêt au point de vue artistique, et l'architecte qui l'a construite, un nommé Villars, s'est mis en frais d'imagination sans réussir à faire un joli édicule ; il ne faut donc voir là qu'une chose utile, et les habitants du village furent à bon droit reconnaissants au grand seigneur d'avoir amené, d'une distance de plus de 4 milles, l'eau qui manquait sur ces hauteurs.

Vis-à-vis de la fontaine sont la halle et la mairie, l'une portant l'autre, banales toutes deux ; une petite ascension nous conduit à l'église, qui renferme le tombeau du duc François de Silly, mort en 1637. Le défunt, revêtu de l'imposant costume de cour, est représenté, au sommet d'un sarcophage en marbre, dans l'attitude du recueillement et de la prière ; c'est une œuvre bien venue, la seule artistique de l'église, où nous ne trouvons à signaler, en en faisant le tour, que de nombreuses inscriptions en l'honneur des anciens seigneurs du pays, parmi lesquels nous nous reprocherions de ne pas rappeler le duc de La Rochefoucauld-Liancourt, célèbre philanthrope, introducteur de la vaccine en France, fondateur de l'École des arts et métiers, mort en 1827, et le comte Georges de La Rochefoucauld, dont nous aurons l'occasion de parler tout à l'heure. Constatons enfin que la Roche-Guyon fut constamment hospitalière depuis le dix-septième siècle. Dupuis, philosophe et membre de l'Institut, a été élevé au château. A diverses époques, il accueillit des hommes qui se sont nommés Turgot, d'Alembert, Condillac, Barthélemy, Alphonse de Lamartine, qui en 1819 y passa la semaine sainte en compagnie du duc de Rohan, alors officier de mousquetaires, depuis archevêque de Besançon et cardinal. Un dernier souvenir nous revient : quelques semaines avant la Révolution de 1830, le comte de Chambord fit au château une visite dont son imagination d'enfant fut vivement frappée. Nous ne saurions en être surpris, car l'ensemble est véritablement imposant.

Au sommet de la roche, le vieux donjon se dresse entouré de sa triple enceinte, roux sur le fond d'azur du ciel, solide encore et semblant jeter un défi à la destruction.

Au bas de la falaise, immense vestibule de ce nid d'aigles, est le château inférieur, presque entièrement rebâti au quinzième siècle, mais conservant encore de nombreux vestiges des constructions antérieures, entre autres une poterne du treizième siècle et des caves immenses, véritables souterrains dont il serait puéril de chercher à deviner l'âge. La façade principale, quoique assez bizarrement conçue, ne manque pas de caractère ; elle est flanquée de lourdes tourelles et décorée au milieu d'un large péristyle, dont les colonnes, d'ordre dorique, supportent un fronton arrondi. Dans la salle des gardes, autrefois garnie d'armures, nous lisons la fière devise des vieux seigneurs : *C'est mon plaisir*, et nous rencontrons une longue suite de portraits. Il en est quelques-uns, il faut le reconnaître, qui sont d'une mince valeur ; il en est d'autres qu'ont signés des maîtres : Mignard, Rigaud, de Troy, Nattier, etc. Si nous nous arrêtons charmé devant l'agréable visage de Catherine de Matignon, nous ne pouvons nous empêcher de sourire, comme il l'eût sans doute fait lui-même, en présence d'un portrait de l'auteur des *Maximes*, affublé d'un costume d'empereur romain. Un fort bel escalier conduit aux étages, et dans les appartements qui suivent nous admirons successivement de splendides tapisseries des Gobelins, cadeau de Louis XIV, représentant les principaux épisodes de l'histoire d'Esther, de riches tapis de la Savonnerie, un ameublement en velours de

Gênes, des sièges étalant orgueilleusement leurs garnitures
exécutées au petit point par les aristocratiques mains des
châtelaines et de leurs amies, des meubles de Boulle (sur
l'un d'eux a été contresignée la révocation de l'édit de
Nantes), des dessus de portes et des trumeaux peints par
Boucher; nous traversons des chambres boisées, dans le
goût du dix-huitième siècle, de blancs panneaux gracieu-
sement chantournés de ces caprices légers et coquets qui
caractérisent l'ornementation à cette époque d'inépuisable
et gracieuse fantaisie. En continuant l'exploration, on vous
montrera de nombreux souvenirs des propriétaires ou des
visiteurs du château; vous pourrez vous asseoir dans la
bibliothèque où François de La Rochefoucauld écrivit ses
Maximes; vous pourrez entrer dans la chambre qui fut celle
du roi Henri IV. Enfin vous visiterez, nous vous le recom-
mandons, car ils sont extrêmement curieux, les souterrains
qui, par un indescriptible enchevêtrement de couloirs obs-
curs et de tortueux escaliers, mettent le château en communication avec le donjon ; là vous apercevrez des chapelles voûtées (dans l'une d'elles, on prétend que saint Nicaise
a officié); plus loin on vous montrera l'immense réservoir dont nous avons parlé déjà ; il contient 352000 litres
d'eau et alimente le château et les fontaines du bourg. La
promenade a quelque chose de fantastique, et c'est avec joie
que l'on se trouve au milieu des ruines du donjon, au grand
air, au centre d'un inoubliable panorama.

Nous avons vu la demeure seigneuriale, entrons, avant
de quitter le pays, dans un asile ouvert par la bienfaisance
aux enfants convalescents des hôpitaux Trousseau et de
l'Enfant-Jésus. La fondation de cette maison, qui porte le
nom d'*Hôpital de la Roche-Guyon,* est due au comte Georges
de La Rochefoucauld, un digne héritier de ce grand nom,
mort à trente-trois ans, en 1861. L'établissement contient
cent dix-huit lits ; il reçoit les jeunes garçons et les garde
environ six semaines. Nous avons vu tout ce peuple de
bambins jouer dans le jardin de l'hôpital et se grouper dans
les classes sous la surveillance des sœurs à cornettes blan-

ches. Ils sont gais, insouciants, vêtus proprement, et involontairement le cœur se serre et se prend de pitié pour ces
pauvres créatures qui, lorsqu'elles quitteront l'asile, retom-
beront pour la plupart dans quelque misérable famille.

L'hôpital appartient à l'Assistance publique depuis le
23 janvier 1863 ; il a pour voisin, nous pourrions dire pour
annexe, un orphelinat qui reçoit douze jeunes garçons et
douze jeunes filles. C'est la fondation Fortin. Le legs auquel
elle est due remonte à 1848. Fortin avait laissé à la ville de
Paris 1 500 000 ou 1 600 000 francs, à charge de fonder des
écoles dirigées par des instituteurs congréganistes. Le legs
a été résilié et une partie de la somme restituée par la ville,
il y a quelques années, lors de la laïcisation ; la somme
recouvrée a été employée à cette fondation et la maison
ouverte en 1890.

Nous avons appris cela au cours de notre visite à l'hôpital et nous vous le racontons tout en vous conduisant à
la chapelle, modeste sanctuaire qu'orne pourtant une vitrine
fort curieuse renfermant une grande quantité de reliques
rapportées de Rome par Georges de La Rochefoucauld et
pour la plupart placées dans des écrins qui sont de curieuses
pièces d'orfèvrerie. Le corps du fondateur repose dans cette
chapelle, au pied du chœur. Un modeste tombeau lui a été
élevé dans un jardinet voisin.

Haute-Isle, Vétheuil, Saint-Martin, Guernes, Dennemont, Limay.

Entre la Roche-Guyon et Vétheuil, les roches continuent
à jaillir des flancs de la colline ; elles affectent les formes
les plus diverses, depuis la fine aiguille qui fait penser
aux obélisques égyptiens juqu'au bloc énorme et gri-
maçant ressemblant à quelque mastodonte endormi ; si la
Seine ne coulait à nos pieds, si la brise n'apportait à nos
oreilles le murmure du feuillage de ses îles, nous nous
croirions volontiers transporté dans quelque défilé pyrénéen.
Tout à coup, un clocheton pointe du rocher, une grêle son-

nerie s'en échappe, quelques flocons de fumée montent vers
le ciel derrière une toute petite maison qu'un drapeau et
le mot *Mairie* décorent. Nous sommes à Haute-Isle, original
petit hameau

> Où, dans le roc qui cède et se coupe aisément
> Chacun sait de sa main creuser un logement.

Ces vers et quelques autres, complétant la description du
bourg, sont de Boileau; vous les trouverez dans son épître
à M. de Lamoignon, et la description que le poète a faite du
pays est encore d'une irréprochable exactitude. On vous
montrera, si vous errez quelques instants à Haute-Isle, la
maison où le satirique recevait l'hospitalité chez son neveu,
l'illustre M. Dongois, greffier en chef du Parlement.

Suivant toujours le pied de ces roches fantastiques, nous
traversons un autre village, Chantemelle; nous passons auprès de l'île de la Bouche, devant un groupe de quatre ou
cinq petits îlots, nous arrivons à l'entrée de deux coquets
vallons et nous nous trouvons à Vétheuil.

Comme la Roche-Guyon, Vétheuil eut autrefois son château fort et ses seigneurs; il fut, au moyen âge, témoin de
combats et victime d'attaques multipliées. Il eut un hôpital,
Saint-Mathurin, une léproserie, Saint-Étienne, un marché
important. Aujourd'hui, calme comme toute la contrée, il
ne s'anime qu'aux heures où les ouvriers de ses fabriques
d'épingles et de compas, entrent ou sortent des usines.

Il ne faut pas croire qu'il soit, pour cela, dépourvu de
tout attrait; son église Notre-Dame, classée parmi les monuments historiques, charme le curieux par son élégance et
retient l'archéologue par les souvenirs qu'elle rappelle. Il
semble, en effet, que chacun se soit fait un devoir d'en augmenter la richesse. Le chœur est dû à Henri II, roi d'Angleterre; Jeanne d'Évreux, femme de Charles le Bel, fit bâtir le
clocher; la nef, commencée par François Ier, fut achevée par
son successeur, qui fit construire en même temps la sacristie
et le portail d'une si rare élégance. Malgré ce mélange de
styles, l'édifice demeure harmonieux en son ensemble ; la

principale façade est conçue dans le goût le plus pur de la renaissance; cintres, niches, pilastres, volutes, médaillons, palmettes, galeries à jour, tout cela, ravissant en ses formes délicates, est combiné avec la plus rare habileté. Une vierge, remarquable morceau de sculpture du temps, décore le trumeau de la porte. Magnifique aussi est le porche méridional où l'on découvre, au milieu des arabesques qui l'ornent, les H de Henri II et les C de Catherine de Médicis.

Église Notre-Dame, à Vétheuil.

La nef, dont les voûtes sont soutenues par de puissants piliers à pendentifs sculptés, atteint une hauteur de 30 mètres et paraît un peu étroite vu cette élévation ; un jour cru passe par les carreaux des fenêtres dépouillées des verrières qui les garnissaient autrefois. Vides des nombreux ornements qui les décoraient sont aussi les murs et les niches, et de toutes ces richesses, vous ne voyez plus que quelques socles effrités et quelques tronçons informes. Un badigeonnage de nuance jaunâtre recouvre presque entièrement les belles peintures qui couraient sur les voûtes ; parmi les vestiges

qu'il en reste, on croit reconnaître pourtant les figures de
Jeanne d'Évreux, de Charles le Bel, de François Ier et de
Henri II. Rien ne demeure du beau dallage orné de plaques de
marbre que les pieds de nos pères ont foulé; mais l'église possède encore un *Ecce Homo*, chef-d'œuvre de l'école italienne,
un fort beau tableau sur bois du quinzième siècle, peint par
un artiste allemand, un retable de la même époque et deux
vieilles statues en pierre d'une très curieuse expression.

On sait rarement les noms des artistes — ils s'intitulaient
modestement maîtres *massons* — qui ont construit nos
églises ; à Vétheuil, la lumière est faite sur ce point, et l'auteur des portails que nous avons admirés est connu. C'est
Jean Grappin, de Gisors. Les travaux, dit L. Palustre dans son
remarquable livre : *La Renaissance en France*, ont été exécutés de 1552 à 1558. Selon le même auteur, ils auraient été
inspirés moins par Henri II que par Louis de Silly et Anne
de Laval, sa femme, alors seigneurs de Vétheuil et de la
Roche-Guyon. Le chiffre royal, dont nous avons constaté la
présence, autorise à n'admettre cette opinion que sous quelques réserves.

A Saint-Martin-la-Garenne, que nous traversons ensuite,
on se rappelle qu'en 1376 Henri de Villemorien, un de ces
seigneurs dont nous avons plusieurs fois conté l'aventureuse
existence, se repentit de ses péchés et, pour finir ses jours
dans la retraite, fit bâtir la chapelle de Notre-Dame la Désirée.
Cette chapelle a été détruite en 1793 ; mais la statue de la
Vierge qui l'ornait est conservée dans l'église du village.

Par Sandrancourt et Guernes, nous regagnons les bords
de la Seine. Ce dernier village, que l'on dit d'origine celtique,
est situé vis-à-vis de Rosny ; son église de l'Assomption, très
élégamment décorée, mérite une visite.

Plus loin, le hameau de Dennemont, dépendant de la commune de Follainville, regarde Gassicourt à travers les nuées
de feuillage qui l'enveloppent, et quand nous l'avons traversé nous sommes sur le territoire de Limay. Nous gravis-
sons une pente abrupte, nous piétinons dans un chemin
caillouteux ; la vue magnifique qui se développe à nos re-

gards nous fait oublier la fatigue et nous arrivons à l'ermitage de Saint-Sauveur, une des curiosités de la contrée.

Un mur entourant un jardinet, une poterne surmontée
d'une croix, deux ou trois pointes de clochetons, un petit
toit aigu, une cheminée blanche, voici tout ce que nous
distinguons d'abord. Poussons la barrière d'entrée, nous nous
trouverons dans un étroit enclos dont un calvaire et un sépulcre occupent le fond et une chapelle creusée dans le roc
l'un des côtés; au-dessus de cette chapelle, où l'on célèbre
encore la messe deux fois chaque année, d'un des petits
clochers que nous avons signalés, s'échappe trois fois par
jour une sonnerie annonçant l'heure de l'angélus.

Une bonne femme est là qui garde l'ermitage ; elle vous
suit pendant que vous le parcourez et reçoit volontiers une
gratification. Mais ne lui demandez aucun renseignement,
elle est absolument incapable de vous le fournir. Ce mu-
tisme est à peu près aussi agaçant que les boniments
ânonnés ailleurs par les ciceroni. Prenons-en notre parti et
rappelons nos souvenirs.

Rien de moins édifiant que l'origine de l'ermitage. Ces
grottes, aujourd'hui sépulcre, chapelle, salle à manger où
les pèlerins collationnent deux fois par an, étaient, au quatorzième siècle, un repaire de brigands qui désolaient la
contrée. Il ne fallut rien moins qu'un gros de soldats de
Charles V pour leur livrer bataille et les réduire à l'impuis-
sance. Ceux qui ne périrent point dans le combat furent
pendus haut et court. Plus tard, à une époque que l'on ne
saurait préciser, un ermite s'installa dans les grottes; il
signalait au maître du pont de Mantes les bateaux marchands
qui remontaient la Seine et priait pour les mariniers. Une
croix avait remplacé la potence, une corde pendait auprès
de l'entrée de l'ermitage; en la tirant, les filles faisaient
tinter une clochette dont les vibrations plus ou moins pro-
longées permettaient de supputer pendant combien d'années
encore elles attendraient un mari.

La piété des ermites de Saint-Sauveur leur valut bon
nombre de cadeaux; toutes les églises des environs tinrent

L'ERMITAGE DE SAINT-SAUVEUR PRÈS DE LIMAY.

DESSIN DE F. DE MONTHOLON.

à honneur de doter la chapelle, qui d'un *Ecce Homo*, qui d'un *Saint Paul*, qui d'un *Saint Roch*. Aussi l'ornementation est-elle disparate, confuse et, disons-le, d'une fort médiocre valeur artistique. Parmi ces figures, ces groupes, ces tableaux, ces chapelets, etc., nous ne trouvons que deux pièces méritant de retenir l'attention. C'est d'abord une statue du quatorzième siècle encastrée dans la muraille et représentant Thomas Le Tourneur, archidiacre de Tournay, bienfaiteur des célestins, mort en 1384; le visage et les mains du personnage sont en marbre poli et d'un fort beau travail. Plus vieille d'une centaine d'années peut-être est une Vierge tenant l'Enfant Jésus sur ses genoux; les figures sont d'un modelé charmant, les plis des vêtements arrangés avec grâce, malheureusement on s'est amusé, nous ne savons quand, à peindre cette statuette, et c'est sous l'empâtement de la couleur qu'il faut chercher les finesses que nous signalons.

Nous allons maintenant redescendre vers Limay. Cette petite ville semble n'être qu'un faubourg de Mantes, et se relie à elle par ce pont neuf dont nous avons parlé plus haut. Un vieux pont, dont la construction remonte au douzième siècle, l'unit à l'île de Limay qui fuit, onduleuse, jusque vis-à-vis de Porcheville, étendant un vert tapis rayé de grandes ombres par les peupliers et les saules de ses rives.

Ici, c'est tout en premier plan que se dessinent les lignes brisées par l'effritement des parapets du vieux pont; les cintres et les ogives de ses arches se reflètent vigoureusement dans l'eau tranquille. Ses piles puissantes sont envahies par les végétations parasites qui croissent sur les ruines, buissons touffus de pariétaires, larges plaques de mousse brune, bandeaux de verdure, cachant des cicatrices, fleurettes légères aux longues tiges poussant, on ne sait comment, piquant l'ensemble de leurs taches jaunes ou violettes et frémissant à la brise.

Il ne reste rien des tours et des fortins qui ont autrefois défendu le pont; rien non plus des pêcheries et des moulins qui s'élevaient sur plusieurs de ses arches; le dernier de ceux-ci s'est écroulé il y a une quinzaine d'années.

Quant à la maison de tête, elle a été construite au dix-septième siècle avec les pierres des anciennes piles, lors d'une réfection à peu près générale que subit l'ouvrage.

Entrons dans le bourg ; il est paisible et silencieux. L'imagination aidant, on y pourrait retrouver le calme monacal qui devait le caractériser, alors qu'il vivait à l'ombre du vieux couvent des Célestins dont nous allons dire quelques mots tout en nous dirigeant vers l'hôtel de ville, que sa haute tour nous signale déjà.

Le 25 février 1377, le roi Charles V, accompagné de la reine, de l'archevêque de Rouen, des évêques de Paris, de Beauvais et d'une foule de grands dignitaires, installa solennellement les célestins de Limay dans le monastère dont un acte de l'année précédente avait autorisé la fondation (1). Grâce à la protection royale, le monastère fut riche dès son origine. On lui concéda des terres, des vignes et, parmi elles, ce fameux clos des célestins, célèbre encore en 1689, car Regnard, qui se connaissait en vin, en chante les produits dans son *Voyage en Normandie*. Un autre couvent s'éleva plus tard à Limay ; fondé par Marie de Médicis, il était occupé par des capucins. De ce dernier monastère quelques murs subsistent encore.

Mais nous voici devant l'hôtel de ville ; c'est une construction moderne due à Durand, architecte mantais, dont nous avons déjà vu des œuvres, et qui a fait preuve ici d'une science réelle et d'un goût charmant. Son édifice est un mélange bien compris d'architecture moyen âge et renaissance. Grâce à lui, dans ce petit coin du Vexin, on se croit volontiers transporté devant une de ces jolies maisons communes qui font l'orgueil des cités flamandes.

(1) Ce n'est pas, comme on l'a dit, sur cet acte que les fleurs de lis, jusqu'alors sans nombre limité sur l'écusson de France, furent pour la première fois réduites à trois « en l'honneur de la sainte Trinité » ; ce nombre avait été employé déjà sur des chartes du treizième siècle. Mais c'est à partir de la création du couvent des célestins qu'il fut en quelque sorte officiellement adopté. Il n'a jamais été dépassé depuis.

Près de l'hôtel de ville s'élève l'église, dont le clocher, les fonts baptismaux et quelques pierres tombales sont classés parmi les monuments historiques. Le clocher avec ses lucarnes, ses clochetons, sa flèche à pierres imbriquées, est un précieux spécimen de l'architecture du douzième siècle. A l'intérieur, l'église renferme deux nefs de largeur à peu près égale, l'une construite au treizième siècle, l'autre au quinzième, et, de plus, une chapelle romane au-dessous de la tour.

Visitons l'édifice ; il le mérite et les curiosités n'y manquent pas. Nous voyons d'abord, près de la porte d'entrée, une pierre tombale couverte de caractères hébraïques dont voici la traduction : *Là est le monument du rabbin Mayer*, *fils du rabbin... qui fut délivré* (mourut) *le troisième jour du samedi... de l'année 5101 de la création*. On sait que la réforme eut de nombreux adhérents à Limay ; jusqu'à la révocation de l'édit de Nantes, ses pasteurs officiaient dans un ancien cellier, « vaste et solidement voûté », et, chose assez curieuse à constater, ils ne réussirent jamais à se créer des prosélytes à Mantes, si voisine pourtant. La pierre que nous avons sous les yeux, pièce archéologique d'une grande valeur, semble prouver qu'au douzième siècle les juifs, négociants sans aucun doute, étaient en assez grand nombre ici.

Près de la tombe israélite, nous voyons le sarcophage chrétien ; ceci, une épitaphe nous l'apprend, est le tombeau de *Noble home Jean le Chenut, grand escuyer du roi Charles V* et de sa femme *illustre dame Jeanne de Guizy*. Les deux personnages sont couchés côte à côte sur la pierre, la tête exhaussée par un coussin ; l'homme est vêtu de son armure, la femme dort sous sa coiffe enveloppée dans les plis d'une longue robe, son aumônière à la ceinture, son chapelet au bras. Un triptyque détaché du monument le complétait jadis ; au centre la Vierge en pleurs reçoit le corps de Jésus ; dans les autres panneaux, un seigneur, un moine, une noble dame, une demoiselle, donnent les signes de la plus profonde douleur. Ces figures coloriées, d'une expression charmante en sa naïveté, doivent être des portraits de parents des défunts. Quant à ceux-ci, les mains jointes et dormant du dernier sommeil, ils ont des physionomies empreintes de cette sérénité mystique dont les artistes de ce temps savaient si bien envelopper leurs créations. Ce tombeau était autrefois dans la chapelle des célestins.

Si nous levons les yeux vers la voûte, derrière l'orgue, nous remarquons un chapiteau représentant des monstres affrontés, tourmentés par des centaures.

Les bénitiers sont installés sur des débris d'anciennes sculptures, restes probables du fameux couvent, parmi lesquelles un dais renversé, œuvre du douzième siècle, est particulièrement remarquable. Arrêtons-nous un instant devant la cuve baptismale; elle est ovale, en pierre, date du treizième siècle, et est ornée de fleurons et de figures d'un fort intéressant travail. Signalons encore la reproduction de l'épitaphe de Jean Martel, mort à la bataille de Poitiers en 1356, telle qu'elle existait dans l'église du couvent. Près de tous ces souvenirs du temps passé, nous voyons une œuvre moderne; c'est un vitrail exécuté à la manufacture de Sèvres par M. Apoil, un artiste mantais. Il représente Charles V entouré de sa cour et donnant aux célestins la charte qui autorise l'établissement de leur monastère; l'œuvre n'est peut-être pas absolument irréprochable au point de vue du dessin, mais en revanche elle est d'un coloris très brillant, et forme en somme un ensemble fort séduisant.

Porcheville, Issou, Rangiport, Gargenville, Juziers, Meulan.

Aucun de ces petits villages ne nous arrêtera longtemps: leur jolie situation est le seul attrait de la plupart d'entre eux. Porcheville était connu dès le septième siècle, sous le nom de *Villa porcariorum* (métairie des porchers); sa petite église dédiée à saint Fiacre est assez élégamment décorée. Issou se vante aussi d'une ancienne origine. Rangiport, souriant au bord de la Seine, est aimé des paysagistes en

quête de sites intéressants, et ses cabarets sont fort appré-
ciés des amateurs de matelotes et de fritures. Gargenville
fut célèbre grâce au prieuré qu'il posséda pendant plusieurs
siècles, et son église passe pour l'une des plus anciennes
que le touriste puisse rencontrer sur la route de Paris à
Rouen. Juziers se recommande aussi par son église Saint-
Michel; édifice roman, ce village est tout voisin de Meulan
qui se relie au village des Mureaux, comme Limay se relie
à Mantes.

Quelques mots d'histoire ne seront pas déplacés ici, car
l'existence de Meulan est constatée par des documents
authentiques dès le troisième siècle de notre ère. Sous
Charles-Martel, la ville devint la capitale du Vexin et fut
donnée à Witram, l'un des vainqueurs des Sarrasins.

Ce Witram commença la longue lignée des comtes du
pays. Au neuvième siècle et pour les sauver des Normands,
les moines du prieuré de Gani apportèrent dans la ville les
reliques de saint Nicaise, et pour les conserver en honorable
place, on bâtit un prieuré sous son invocation (1). Admirablement située, riche déjà peut-être, la ville excita la cupi-
dité des Normands; ils s'en emparèrent et la pillèrent
en 878. Robert le Fort réussit à les expulser et céda Meulan
à son fils Hugues de France; mais pendant les troubles qui
signalèrent les derniers temps de la race carlovingienne, le
comte Robert s'en empara et fit construire un château fort
dans l'île qui s'appelait alors l'île du *Long-Boël*. Robert fit
bâtir aussi le pont de onze arches que nous traverserons
tout à l'heure, et fit creuser à chacune de ses extrémités de
larges fossés que des ponts mobiles reliaient à la terre
ferme, et qu'une tour puissante défendait du côté du Vexin,
tandis qu'une troupe de molosses lâchés dans l'île veillaient
à sa sûreté pendant la nuit. Les maîtres de la citadelle

(1) Saint Nicaise était considéré comme le patron de Meulan.
Il avait prêché le catholicisme dans tout le Vexin et fait de nombreux prosélytes. Arrêté par les ordres du préfet Sisinnus Fes-
cenninus, il refusa de sacrifier aux faux dieux et fut décapité
vers l'an 280.

furent de vaillants et hardis compagnons. Ainsi que tous
les seigneurs féodaux, ils prirent part aux diverses querelles
du temps, bataillant aujourd'hui pour le roi de France,
demain pour le roi d'Angleterre; quelquefois, luttant contre
tous deux à la fois, et souvent réduits à payer les frais de
la guerre au grand dam des habitants de la petite ville.

Meulan a possédé une des plus anciennes chartes d'af-
franchissement de France: calquée sur celle de Pontoise,
elle lui fut octroyée par Philippe-Auguste en 1189; elle
chargeait de l'administration de la commune un maire
assisté de douze pairs. Le Vexin fut profondément troublé
pendant la guerre de Cent ans. En 1337, une trahison mit
Meulan entre les mains de Charles le Mauvais; les habitants
dévoués à la France furent à peu près tous massacrés, ceux
dont on épargna la vie furent ruinés par le pillage.

Du Guesclin reprit Meulan le 9 avril 1364; en 1415, les
Anglais s'en emparèrent; enfin, au mois de septembre 1431,
le capitaine Juillet rendit la ville à Charles VII. Mais tant
de sièges et tant de batailles l'avaient à peu près ruinée.

Pendant la Ligue, Meulan tint pour la royauté. Henri IV
y dépêcha le sieur de Bellangreville avec six cents hommes;
on répara les fortifications, on arma les bourgeois et l'on
se prépara à repousser vigoureusement Mayenne. Celui-ci
réussit pourtant à investir la place, et tout ce qui portait une
arme dut se réfugier dans le fort. Mais grâce aux audacieuses
sorties de la garnison qui le tenaient constamment en
haleine, le vainqueur ne put profiter de son avantage pas-
sager et dut fuir devant Henri IV accouru au secours des
assiégés.

Le roi se montra reconnaissant, en paroles. Il assembla
les habitants, leur prodigua les remerciements, les félici-
tations et les promesses; à l'entendre, ces braves gens et
leurs descendants étaient à tout jamais exemptés des entrées
de ville, des tailles, des subsides, des emprunts, du guet, etc.
C'est à ce même moment, sans doute, que le roi promettait
de faire bâtir une église aux Mureaux. « Des mots, des mots,
des mots! » disait Shakespeare de l'autre côté du détroit.

Au dix-huitième siècle, l'abbé Bignon vint habiter Meulan et y apporta les cinquante mille volumes de sa bibliothèque; il fit bâtir dans l'île un château et donna de brillantes fêtes que le roi Louis XV ne dédaigna pas d'honorer de sa présence.

Les communautés religieuses étaient nombreuses dans la ville; l'une des plus célèbres, fut celle des religieuses de l'Annonciade fondée, en 1638, par ordre de Louis XIII; Charlotte du Puy de José-Maria, aux prières de laquelle on attribuait la fin de la stérilité d'Anne d'Autriche, fut la première abbesse de ce couvent. Inutile d'ajouter que tous les monastères ont disparu pendant la Révolution.

En 1814, le 5 avril, les abords de Meulan furent vaillamment défendus contre les Russes par le général de Gency, un enfant de la cité parti volontaire en 1792.

Nous avons signalé la présence de l'abbé Bignon à Meulan ; rappelons que le vicomte de Chateaubriand a aussi habité la ville et qu'il y a écrit une partie de ses *Mémoires*.

Mais nous voici arrivé au pont qui réunit Meulan et les Mureaux ; la cité nous apparaît tout entière groupant pittoresquement ses dernières maisons sur un coteau que la verdure couronne, et bordant l'eau de constructions modernes et de belles rangées de tilleuls formant promenades. Dans l'air pointe au premier plan le campanile de l'hôtel-Dieu; plus loin, apparaissent le toit de l'église et sa tour carrée; de tous côtés, autour de nous, ce ne sont que collines bleues limitant une plaine immense sillonnée, à perte de vue, par le ruban argenté et sinueux de la Seine. Le pont est assis sur une longue série d'arches en pierre de formes diverses; à deux ou trois de ces arches sont attachés de ces *guideaux* dont la présence au pont de Saint-Cloud a donné naissance à la fable des filets. Au bout du pont, sous les lourdes touffes d'un bouquet de marronniers, on aperçoit quelques restes des anciennes fortifications de la ville; au loin, à gauche, sur la hauteur, on distingue, émergeant des bois, la façade du château d'Hardricourt et la flèche aiguë de son église.

Entrons maintenant dans la ville. Bourgeoises, luxueuses même, sont les premières maisons de la rue du Fort; banales et commerçantes sont les suivantes. Nous laissons, à notre gauche, la place de forme irrégulière où se tient le marché, et nous arrivons en peu d'instants au quai de l'Hospice, jolie promenade qui longe le petit bras de la Seine et donne accès au vieux pont dont nous avons parlé et qui conduit à l'île. A l'angle de ce quai s'élève l'hospice, construction blanche à deux étages, surmontée d'une tourelle octogonale garnie d'ardoises, terminée par un campanile et décorée d'un cadran d'horloge.

C'est une très vieille fondation, l'hôtel-Dieu de Meulan; il fut créé en l'an 703 par les premiers comtes. La liste de ses bienfaiteurs est longue; elle est gravée sur des tables de marbre ornant le vestibule. Nous y relevons le nom du roi Charles le Simple et celui de Louis XIV, qui, en 1693, réunit à l'hôtel-Dieu la maladrerie de Comtesse et la léproserie d'Avennes.

L'hospice réparé, agrandi en ces dernières années, est agrémenté de beaux jardins; il contient une centaine de lits et reçoit des vieillards des deux sexes. Ses pensionnaires sont astreints à un travail journalier de huit heures en été et de six heures en hiver; la direction est confiée à des sœurs de Saint-Vincent de Paul.

Franchissons le vieux pont, traversons le quai Albert-Joly, bordé d'allées de beaux arbres, et pénétrons dans la partie de la ville généralement désignée sous le nom de *Bas-Meulan*. Deux rues, la rue Haute et la rue Basse, composent à peu près tout ce quartier. La première est commerçante, les principaux hôtels, cafés et magasins s'y sont groupés; dans la seconde, on ne voit que d'antiques masures de triste aspect et de propreté douteuse. L'hôtel de ville, la halle et la caisse d'épargne sont mitoyennes, et occupent le fond d'une place assez gaie. L'hôtel de ville, dont la construction a été mise au concours en 1884, a été édifié sur les plans et sous la direction de M. Degrève, architecte. C'est un édifice agréable dans son ensemble, bien que son

MEULAN.

DESSIN DE A. DEROY.

style manque un peu d'unité; le perron est orné de colonnes grecques, les fenêtres et les combles sont dans le
goût de la renaissance. Les armes de la ville : *Fleurs de lis
semées sur champ d'azur*, et sa devise accordée jadis par
Henri IV : *Regi et regno fidelissima*, ornent la tour qui termine
la façade. L'hôtel de ville possède une bibliothèque d'environ quinze cents volumes et une bibliothèque populaire
qui en contient près de trois mille. Les salles intérieures,
salle du conseil, des mariages, de la justice de paix, etc.,
sont de belles proportions, mais non décorées encore. La
salle du conseil renferme quatre tableaux chronologiques,
fort curieux pour les archives locales, et relatant les noms
de tous les seigneurs et prévôts de la localité.

La halle et la caisse d'épargne occupent l'emplacement
de l'ancienne église Saint-Nicaise. Dans la rue Haute, à
l'angle de la rue Saint-Nicolas, debout encore, mais transformés en maison d'habitation, sont les restes ornés de deux
belles fenêtres à meneaux d'une chapelle qui, en 1479,
devait être dédiée à saint Michel, s'il faut en croire l'inscription, assez difficile à déchiffrer, peinte au-dessus d'une
petite porte dont les vieilles colonnes vont s'effritant.

Le *Haut-Meulan* escalade le coteau par des ruelles tristes,
pénibles à gravir, malgré les escaliers souvent dépourvus
de rampes qu'on y rencontre à tout instant. Là le Parisien
est infailliblement ressaisi par un souvenir de la butte Montmartre d'il y a trente ans. L'église Saint-Nicolas domine la
hauteur, et de son seuil la vue s'étend sur un immense
horizon. Quant à l'édifice, il n'a de remarquable, à l'extérieur, que sa vieille et solide tour carrée; la partie supérieure a été refaite en 1882 et maintenant se couronne,
d'une galerie. Au dedans, malgré les remaniements que
l'église a subis il y a cent ans, on remarque encore de beaux
déambulatoires du douzième siècle; à l'une des clefs de voûte,
dans le bas-côté gauche, on voit un des plus anciens écus-
sons que l'on connaisse ainsi placés; malheureusement les
armoiries qui l'ornaient ont disparu.

Sans compter les établissements religieux, Meulan avait

autrefois trois paroisses ; deux d'entre elles dépendaient du diocèse de Chartres, l'autre de celui de Rouen. Quelques débris, une muraille et les amorces d'une porte sculptée donnant accès à la cour d'un marchand de fer, indiquent encore la place qu'occupait la chapelle Saint-Jacques.

Assez industrielle, la ville va retrouver un regain d'activité, grâce à la création de la ligne du chemin de fer d'Argenteuil à Mantes, dont elle est l'une des stations. Les travaux de cette ligne ont été particulièrement intéressants ici ; ils ont amené la construction de beaux viaducs et le percement d'un tunnel qui passe au-dessous de l'église Saint-Nicolas.

Au nord de Meulan, au-dessus d'Hardricourt, est le petit village de Gaillon, fier encore de son joli château construit sous Henri II.

Évecquemont, Vaux, Cheverchemont, Triel, Carrières-sous-Poissy.

Nous passons maintenant par une contrée émaillée de petits pays gais, de jolies maisons de campagne, de bois où le gibier abonde. Voici Évecquemont groupant ses villas fleuries autour de son église des quatorzième et quinzième siècles ; Vaux, qu'habita l'acteur Le Kain, et où les femmes se livrent à la curieuse et lucrative industrie de la fabrication des perles fausses.

Regardons une de ces ouvrières ; la chose est curieuse. Elle s'est procuré d'abord la matière première, qui n'est autre que du verre filé en tubes fort légers, mais très solides. Au moyen d'un chalumeau, elle transforme ce verre en petites bulles intérieurement remplies d'une gouttelette d'essence d'Orient ; cette essence, que l'on appelle aussi *colle d'ablette*, est faite avec les écailles bouillies de ces poissons ; elle est transparente et chatoie agréablement au regard. Une femme habile gagne à ce travail, quand la demande abonde, de 3 à 4 francs par jour.

Non seulement Vaux, mais Triel, Maurecourt et plusieurs

LA SEINE A TRIEL.

DESSIN DE F. DE MONTHOLON.

bourgs voisins comptent un bon nombre d'ouvriers en ce
genre; la maison qu'elles approvisionnent est située à Cour-
dimanche, entre l'Oise et l'Hautie.

Nous pouvons passer à travers bois et gagner les hauteurs
de l'Hautie, parsemées de carrières de plâtre. Une route parcourt le sommet de la colline, des sentiers descendent le long
de ses flancs, des fermes et des moulins jettent çà et là leur
animation sur le paysage; au loin, la vue s'étend, selon le
point où nous nous plaçons, sur la vallée de la Seine, Verneuil, Vernouillet, les coteaux d'Orgeval, Creil, Vaux,
Meulan, ou bien sur les bords de l'Oise, du point où elle se
jette dans la Seine jusqu'à Maurecourt, Jouy-le-Moûtier,
Vauréal, etc.

Mais ce qui nous captive et nous attire, c'est le groupe
pittoresque que forme presque à nos pieds Triel, dominé
par sa vieille église s'allongeant au bord de l'eau, coupé en
deux, du sud au nord, par la route de Caen, formant sa
Grande Rue. Un chemin, traversant le petit hameau de Cheverchemont, va nous conduire en peu d'instants à l'entrée
du pays aperçu.

Vu de loin, il paraît charmant, ce village; dès que l'on y pénètre, on est surpris de le trouver morne et vieillot. On croyait
y rencontrer des maisons de campagne, on n'y voit que de
grises masures. On espérait se mêler à une population artiste,
jouissant des charmes d'une campagne séduisante, on y
croise des ouvriers employés aux carrières voisines, et quelques autres travaillant dans une fabrique de bijoux faux ou
dans des ateliers de constructions mécaniques. Pourquoi le
Parisien dédaigne-t-il ce pays si bien situé? Nous ne saurions le dire, mais nous devons constater qu'on fut autrefois
plus juste à son égard. Au dix-huitième siècle, dans la
maison Parnajon se réunissait une belle et agréable compagnie; là ont passé Diderot, Chamfort, Crébillon fils,
Houdon, les Vernet, Vien, David, et aussi ce pauvre Lantara,
qui, sur le mur d'un salon, peignit un jour un de ces chefs-
d'œuvre dont il n'a jamais su tirer de quoi vivre.

La curiosité du bourg est son église paroissiale, un des

plus beaux édifices de la région que nous parcourons. Elle
est édifiée sur une terrasse et conserve le cachet de diverses époques, depuis le treizième siècle jusqu'à la renaissance, en passant par le gothique fleuri. La partie la plus
ancienne est la nef, que le temps a bien dégradée. Partout,
au reste, sur le vieil édifice, l'inexorable destructeur a mis
sa griffe et répandu les teintes grises, les plantes parasites
et les mousses qui rendent les ruines à la fois pittoresques,
imposantes et respectables. Les sculptures s'émiettent aux
flancs des pinacles découronnés, les voussures se fendent,
les arcs-boutants se disjoignent, les végétations jettent leurs
racines dans les jointures des pierres et leurs pousses sur
les ogives ; le portail reste clos, on craindrait qu'en s'ouvrant les vantaux n'ébranlassent les murs. Au fond d'un
porche du quinzième siècle, absolument ruiné, on peut
admirer encore une porte renaissance, qui a échappé à la
dégradation générale. Elle est sculptée avec un esprit d'in-
vention extrême et une finesse d'exécution surprenante.
Les personnages, costumés à la mode du seizième siècle,
sont des artisans, des musiciens, des paysans, des seigneurs
et des grandes dames, tous diversement occupés. Autour
du chambranle s'enlacent des rinceaux où les artistes du
temps ont, une fois encore, donné la preuve et de leur
goût parfait et de leur prodigieuse fantaisie.

A l'intérieur, on est frappé par la hauteur des voûtes, la
hardiesse, et aussi un peu par la bizarrerie de la construction.
Le chœur est surélevé de neuf marches, et son axe est reporté
à plusieurs mètres à gauche de celui de la nef. Cette disposition se retrouve dans beaucoup d'églises anciennes ; elle
était très accusée à Saint-Lubin de Rosny. Cela est *symbolique*
et *voulu ;* nos vieux architectes donnaient aux églises la forme
d'une croix ; ils imitaient par l'inclinaison du chœur à gauche
celle de la tête du Christ au moment de sa mort. Sous ce
chœur est une crypte dans laquelle on peut entrer par la
rue qui coupe transversalement l'église. Quelques verrières
d'une couleur harmonieuse décorent encore les fenêtres ; la
plus ancienne porte la date de 1544. Nous avons dit que le

gothique fleuri avait été employé dans certaines parties de l'édifice ; regardez les belles chapelles latérales du sud, et vous y retrouverez ce style avec toutes ses séductions.

Traversons maintenant le hameau de Pissefontaine, et nous serons bientôt à Chanteloup, un bourg qui fut la demeure de Mlle Clairon au plus beau temps de sa fortune, et qui est demeuré célèbre à cause des magnifiques points de vue dont on jouit. Une route presque droite nous ramène au bord de la Seine, à Carrières-sous-Poissy.

Vu de près, Carrières-sous-Poissy n'est qu'une agglomération de façades blanches surmontées de toits roux, au-dessus desquels pointe un maigre clocher. Errez dans les rues et dans les ruelles, et vous croirez volontiers accomplir un voyage dans un bourg endormi depuis plusieurs centaines d'années. De hautes portes de granges sont closes par un rassemblement de planches vermoulues reliées par des pentures de fer rouillé ; de grands volets gris bâillent aux premiers étages. Si vos yeux plongent dans quelque intérieur, ils aperçoivent des cours humides, encombrées de fumier ; de-ci de-là, une demeure plus confortable révèle la présence d'une famille bourgeoise. Continuez votre route ; vous verrez des maisons dont les portes ressemblent à des entrées de caves. Des tas de tuiles et de briques amoncelés le long des murs vous révéleront la profession principale des habitants. Quelques ruelles à gauche ouvrent des éclaircies sur les champs ; à droite, d'autres descendent vers la Seine. L'église, que précède une sorte de porche qui ressemble à un dépôt de pompes à incendie, n'est guère qu'une grange de proportions assez grandes.

Au-dessus de l'église apparaissent, noirs sur le ciel, les branchages d'un sapin magnifique : c'est l'ornement de la terrasse du château de Champfleury, jolie habitation qui domine la Seine.

Remontons le cours du fleuve, passons devant l'île d'En-Bas, et traversant deux petits bourgs, Denauval et Trélan, nous entrerons à Andresy, où nous nous arrêterons quelques instants.

Andresy, Conflans-Sainte-Honorine, Herblay.

Ainsi que Carrières-sous-Poissy, Andresy s'étend en longueur au bord de l'eau, à l'abri d'un coteau couvert de
vignes. Ici s'arrête la ressemblance. Autant le premier des
deux villages est triste, autant le second est joli ; autant on
craindrait de périr d'ennui dans l'un, autant il semble
que l'on planterait volontiers sa tente dans l'autre. Les maisons de plaisance peuplent ses alentours, et l'air circule

Andresy.

sain et pur dans ses rues propres. Il a pourtant un long
passé, ce pays aujourd'hui modernisé ; il fut une importante
station navale au temps des Gaulois. Les Romains en firent
un port militaire et un point de surveillance pour les rive-
rains de la Seine et de l'Oise. Les rois de la première race
y possédèrent peut-être une résidence, car on connaît un
diplôme de 710 qui est daté de ce lieu, et sur le territoire
de la commune, au cours des travaux exécutés pour la
création de la ligne d'Argenteuil à Mantes, on a mis à découvert les restes d'un cimetière mérovingien qui contenait
près de cinq cents tombes et occupait une surface d'un

demi-hectare. Quant à ces débris de portes et de tours que vous apercevez, ils sont les seuls restes des fortifications qui défendaient le pays au moyen âge. Enfin rappelons qu'en 1592 des conférences relatives à la conversion de Henri IV furent tenues à Andresy; elles durent avoir à peu près les mêmes résultats que la dispute de Mantes.

L'église, située au nord du village, sur le quai, est de belle dimension, et fut autrefois très richement décorée; on y pénètre par un porche ogival, et le sol est en contre-bas de la chaussée. Dix marches descendues, on se trouve dans un intérieur divisé en trois nefs d'inégales largeurs; toute la partie gauche de la nef centrale et le bas côté qui l'accompagne n'appartiennent plus à la construction primitive qui remonte au treizième siècle; la partie droite de la nef, le bas côté correspondant et les galeries assez bien conservées du premier étage ont dû faire partie du monument original. Quelques verrières du seizième siècle attestent encore de l'ancienne splendeur de l'édifice.

Un beau pont suspendu relie Andresy à la rive gauche de la Seine. Nous continuerons à suivre la rive droite et nous atteindrons bientôt la *fin de l'Oise,* c'est-à-dire le point où cette rivière se jette dans la Seine. Un pont suspendu de trois travées, dont l'une a 76 mètres d'ouverture, traverse l'eau au confluent. Quant au village où nous entrons, Conflans-Sainte-Honorine, il doit son premier nom au voisinage de la rencontre des deux rivières, et son second aux reliques de sainte Honorine qui y furent apportées, sous le règne de Charles le Simple, par un habitant de Graville, désireux de les mettre à l'abri des Normands. Déposées d'abord dans une petite chapelle, ces reliques furent, au onzième siècle, transportées dans l'église que les seigneurs firent bâtir en même temps qu'ils fondaient un prieuré qui a vécu jusqu'à la Révolution.

Ainsi que Carrières et Andresy, Conflans s'étale sur les rives de la Seine, derrière une belle promenade et en regard d'une île couverte de saules. Le village gravit une colline que dominent les ruines du prieuré et dresse fièrement vers

30

le ciel le beau clocher de son église. Comme Andresy, Conflans fut fortifié jadis, et, comme lui, station gauloise. C'est sur son territoire que fut trouvée l'allée couverte que l'on a placée dans un fossé du château de Saint-Germain.

Malgré soi, si d'un pied montagnard on parcourt les ruelles de Conflans, on éprouve le sentiment d'une chose déjà vue. Où avons-nous maudit la rugosité des chemins pierreux courant entre des maisons d'un blanc crayeux? Où avons-nous ressenti ce singulier étonnement qui consiste

Conflans-Sainte-Honorine.

à plonger d'un côté dans les cours de certaines maisons, tandis que l'on voit au-dessus de soi les rez-de-chaussée de certaines autres. Ne cherchons pas ; le souvenir est récent : c'est à Rolleboise, mais sur une moindre étendue.

La ruine la plus intéressante de Conflans est cette lourde tour carrée, donjon que l'on appelle *la Baronnie*, et qui fit partie du château fort qui défendait la ville au moyen âge.

L'église Saint-Maclou, dont nous avons constaté l'origine, a subi divers remaniements vers la fin du quinzième siècle ou le commencement du seizième. Le clocher s'échappe du centre de l'édifice, carré par la base, éclairé sur

chaque face par deux baies à plein cintre, portant des clochetons à ses angles et terminé par une fine flèche. Un
porche gothique, précédé de quelques marches, donne accès
à l'intérieur. La nef centrale est plus étroite que les bas
côtés, ce qui produit, lorsque le regard plonge vers le chevet de l'église, une illusion de grande profondeur. Le chœur,
décoré de belles verrières, est séparé de la nef par des piliers
faits de colonnes engagées d'une fort belle architecture et
les voussures des bas côtés sont d'une remarquable élégance. Sous la chapelle des fonts baptismaux, on voit le
tombeau de Jean Ier, seigneur de Montmorency, et sur un
pilier, sa curieuse pierre tombale gravée en couleur et
le représentant debout, les mains jointes, le bouclier au
flanc, dans un encadrement gothique où les ornements et
les personnages se mêlent avec une très réelle harmonie.

Continuons à remonter le bord de la Seine; passons devant les îles d'En-Haut et d'Herblay, et nous arriverons
bientôt à un village bâti encore au-dessus d'anciennes carrières dont les cavités ont, dit-on, servi de refuge aux Gaulois au temps de Jules César, et de catacombes aux premiers
chrétiens. Ce village, c'est Herblay. Il échelonne sur une
colline un bout de rue montueux, un labyrinthe verdoyant,
un cimetière à deux étages, et sur le plateau d'où l'on domine toute la campagne environnante, dresse fièrement son
église.

Le bout de rue franchi, le labyrinthe parcouru, le plateau
atteint, nous sommes à l'extrémité de la Grande-Rue; elle
passe sous une voûte, et un raidillon, qui deviendra un boulevard, s'en détache à gauche pour conduire à la gare toute
neuve que la Compagnie de l'Ouest vient de faire construire
sur la ligne, mise en exploitation depuis le 1er juin 1892,
et qui part d'Argenteuil pour gagner Mantes, en passant
par Cormeilles, Herblay, Conflans, Andresy, Triel, Vaux,
Meulan, Gargenville et Limay.

A Herblay, pays habité par des vignerons, des cultivateurs
et des carriers, nous ne trouvons rien à signaler, si ce n'est
une maison de retraite pour les vieillards. Le bâtiment n'a

rien de remarquable ; c'est un logis bourgeois approprié aux besoins d'un service hospitalier ; mais la fondation est de celles que nous n'omettons jamais de signaler ; elle remonte à 1886, et est due à M. Guillot. Les sœurs de Saint-Vincent de Paul dirigent l'établissement. La mairie, située au fond d'une place plantée de tilleuls, n'est qu'une masure à volets rouges, peu digne d'une commune qui compte 1 800 habitants.

Ceci vu, nous revenons à l'église Saint-Martin. Le porche, la nef, la partie absidiale superposent leurs toits aigus couverts de tuiles rousses, dominés par un joli clocher carré ; dans l'intérieur, nous trouvons, sans que le regard en soit choqué, la trace des styles des douzième, treizième et seizième siècles. La nef, de la première de ces époques, est particulièrement intéressante avec ses grosses colonnes aux fûts courts et aux chapiteaux diversement sculptés.

Au pied du chœur, éclairé par de fort belles verrières, nous remarquons quelques pierres tombales de grande allure, mais, malheureusement, fort usées.

Herblay, dit l'abbé Lebeuf, produisait un vin qui, dans les bonnes années, valait les meilleurs crus bourguignons ; l'éloge, probablement exagéré au dix-huitième siècle, ne saurait trouver créance parmi nous ; mais ce qu'on ne peut contester à Herblay, c'est l'excellence et la beauté de sa pierre à bâtir. Voyez la façade de l'église Saint-Louis, à Versailles ; voyez à Paris la jolie fontaine de la rue de Grenelle-Saint-Germain.

Au hasard de la promenade dans le pays, vous rencontrerez quelques jolies habitations ; dans l'une d'elles a demeuré la comtesse d'Agout, bien connue sous son pseudonyme de *Daniel Stern*.

Montigny-lez-Cormeilles, la Frette, Cormeilles-en-Parisis, Franconville, Sannois, Argenteuil.

Sans nous éloigner beaucoup d'Herblay, nous pouvons gagner Montigny-lez-Cormeilles, dont Louis, abbé de Saint-Denis au neuvième siècle, choisit le vin pour être donné en

boisson aux religieux. C'est dire que le cru jouissait d'une
certaine réputation. Aujourd'hui, nous ne trouverons à signaler, dans ce village, que ses belles tuileries, et dans son
église qu'une boiserie du temps de Louis XV, fort remarquable par la richesse et le fini de sa sculpture.

Nous ne sommes pas assez loin des bords de la Seine pour
résister au désir de les voir une fois encore. Laissons donc
à notre gauche le bois et le fort de Montigny, non sans rappeler, toutefois, que le lieu où ce dernier s'élève servit

La Frette.

jadis à Cassini pour ses travaux de triangulation, et diri-
geons-nous vers La Frette.

Étroit et long, ce village baigne ses pieds dans la Seine,
un peu resserrée ici, et s'appuie au flanc d'un vert coteau;
vu de loin, son port fait une tache blanche au bord du
fleuve; il sert de lieu d'embarquement pour les pierres
extraites des carrières voisines. Ceci, direz-vous, est un
charme assez mince; rassurez-vous, le village en a d'autres.
D'abord la culture du lilas dont il s'est fait une spécialité, et
qu'il envoie par charretées à Paris; ensuite sa jolie situation, la beauté des campagnes qui l'avoisinent, enfin sa rusticité simple et souriante. Aussi les paysagistes, sans le dire

bien haut pour éviter l'encombrement, y font-ils, l'été, des stations reposantes pour le corps et fructueuses pour l'étude. Quant aux pêcheurs à la ligne, ils sont nombreux ici, mais ni plus ni moins que partout où le barbillon frétille dans l'eau claire.

La mairie et les écoles sont au bout du village, près d'une pauvre église, où nous avons remarqué un beau christ en bois du quatorzième siècle.

Une rue, qui part de la place de l'Église, va nous conduire dans les terres, et nous rencontrerons bientôt Cormeilles-en-Parisis, joli village verdoyant et ensoleillé, abrité par la petite chaîne de collines qui s'étend de Montigny à Sannois, et dont « l'air est fort bon », disait en 1676 Gui Patin qui habitait le pays. On ne se souvient guère, à Cormeilles, du chirurgien fameux. Le grand homme du lieu, c'est Daguerre. Nous avons vu sa tombe à Bry-sur-Marne (1); nous voyons ici, au numéro 105 de la Grande-Rue, sa maison natale ornée d'une plaque commémorative. Puis à droite de l'église, au milieu d'une place ombragée de beaux tilleuls, se dresse un élégant piédestal dont le dessin a été fourni par M. Leclerc, architecte; il supporte le buste de Daguerre, œuvre d'une bonne expression et d'un beau modelé, due au ciseau de M. Romain Capellaro; le bronze a été fondu par M. Rolland, un enfant du pays. Des inscriptions, gravées sur le piédestal, rappellent les dates de naissance et de mort de l'inventeur du diorama : *18 novembre 1787, 10 juillet 1851.* Le monument a été inauguré le 26 août 1883.

L'église, construite au treizième siècle, modifiée au quinzième, a été réparée en 1865; de cette époque datent la tour, le portail et la chapelle des fonts baptismaux.

La mairie, au fronton décoré d'armes quelque peu fantaisistes, s'élève au fond d'une vaste place entourée d'arbres où se tient la fête. Sa construction, ainsi que celle de l'école, est due aux libéralités de M. Thibault-Chabrant, qui n'a pas borné là ses bienfaits pour la commune. Elle lui doit la fon-

(1) Voir *Tout autour de Paris*, sixième excursion.

dation d'un hôpital, dirigé par les sœurs de Saint-Vincent de
Paul, auquel il a assuré un revenu annuel de 24000 francs,
et qui reçoit vingt-quatre vieillards des deux sexes, ayant
demeuré trente ans à Cormeilles.

Des plâtrières, des redoutes, des champs, des vignes, un
coteau, voici ce que nous rencontrerons en nous rendant
à Franconville. C'est aujourd'hui une cité aimée des Parisiens ; ne cherchez ni faste ni prétentions architecturales
dans ses nombreuses maisons de plaisance. Ici, gens et
habitations sont simples, bourgeois, accueillants ; mais si
vous voulez fouiller les annales du pays, vous y trouverez
quelques faits qui méritent d'être retenus.

Le domaine existait dès le neuvième siècle, et, particularité peu connue, ses revenus étaient affectés à l'entretien
des chaussures et des habits des moines de Saint-Denis ;
plus tard, l'abbé Suger fut seigneur du lieu. Le silence se
fait sur Franconville pendant plusieurs siècles ; ainsi que les
gens heureux, les pays heureux n'ont pas d'histoire, et les
vrais souvenirs que celui-ci peut évoquer sont relativement
récents. On vous y montrera *la Maison Rouge*, qui fut l'habitation de Cassini ; on vous rappellera que le comte de Tressan,
traducteur de l'Arioste, y mourut en 1783 ; enfin vous pourrez
voir quelques vestiges du magnifique château qui fut celui
du comte François d'Albon, dernier roi d'Yvetot, et dont les
jardins, symboliquement décorés, furent une des curiosités
du siècle passé.

C'était à la fois un savant naturaliste, un amateur des
arts et un écrivain élégant, ce dernier titulaire de la
royauté d'Yvetot. Dans son domaine de Franconville, il avait
multiplié à l'infini les ornements à la fois poétiques et
champêtres, mis à la mode par le petit Trianon et imités
déjà par le Moulin Joli. Grottes, belvédères, bosquets, laby-
rinthes, s'éparpillaient autour d'une rivière que traversait
le pont du Diable. De tous côtés, ornés de distiques ou de
quatrains, on rencontrait des monuments élevés à la Vertu,
à l'Amitié, à l'Amour conjugal. Des bustes se dressaient
aux détours des allées rappelant les grands hommes que le

maître du lieu affectionnait : J.-J. Rousseau, Montesquieu, l'anatomiste Haller, etc. Sur la porte, on lisait ces vers :

> Dégoûté de la cour et fatigué des villes,
> Je me suis caché dans ces lieux.
> Qui veut couler des jours tranquilles
> Doit fuir également les hommes et les dieux.

Ce doux philosophe mourut en 1789.

Une route directe, courant à travers champs, va nous conduire rapidement à Sannois.

Sannois, qu'habitent environ 3 900 cultivateurs, ne présente par lui-même qu'un mince intérêt ; son église, construite à la fin du seizième siècle, est sans valeur architecturale. Pourtant, il semble qu'en ce beau pays de France, nul lieu ne sera complètement déshérité. Sannois n'a ni monuments, ni curiosités et pour ainsi dire pas d'histoire. Son origine est ancienne, on le croit, mais demeure assez obscure ; il paraît certain pourtant que le bourg fut jadis une dépendance de l'abbaye de Saint-Denis, et l'on assure qu'un certain château du Mail, bâti sur son territoire, fut un logis royal au temps des Mérovingiens.

A défaut de passé, Sannois a ses séductions présentes : sa butte qui servit d'observatoire à Blücher en 1814, sa butte dont le rôle pendant la dernière invasion est assez présent à toutes les mémoires pour qu'il soit inutile de le rappeler, sa butte haute de 162 mètres, chère aux Parisiens pour ses restaurants champêtres, ses moulins, ses chevaux de bois, sa galette, son bois de cyprès, d'ifs, de mélèzes, son ensemble joyeux, son magnifique point de vue, toutes choses séduisantes pour les citadins.

Des moulins et des divertissements qu'ils offrent, nous ne dirons rien ; il n'est pas un de nos lecteurs qui, là ou ailleurs, n'ait eu l'occasion de voir ce gai tableau ; mais ce que nous ne saurions passer sous silence, ce qu'il est impossible de ne point contempler longuement, c'est le panorama qui, du haut de la butte, se déroule sous les yeux du spectateur ; il n'est pas un point de l'horizon où la vue ne plonge en des profondeurs infinies. Regardons-nous d'un côté, notre vue embrasse toute la contrée que nous venons de parcourir; nous reconnaissons les vignobles et les champs traversés il y a quelques heures; tout Argenteuil se déroule à nos yeux, surmonté de la blanche flèche de son église où le soleil accroche des pointes diamantées. Ici, nous reconnaissons les buttes et le moulin d'Orgemont; au loin se dessinent les coteaux de Saint-Germain et de Lou-

Moulins de Sannois.

veciennes, puis apparaît Paris, notre cher Paris, dont nous reconnaissons les dômes, les tours, les flèches, foisonnement pittoresque que la butte Montmartre borne d'un côté, tandis que le mont Valérien le limite de l'autre. Nous retournons-nous? Voici, dans une splendide campagne au fond de laquelle les collines de Montmorency dessinent leur ligne onduleuse, une foule de villages qui nous sont familiers : Saint-Gratien, Eaubonne, Enghien, Saint-Prix, Saint-Leu-Taverny, Bessancourt, Méry, Franconville. Évoluons encore;

toute la vallée de l'Oise nous apparaîtra, et dans le loin-
tain, étagée sur une hauteur, baignant ses pieds dans le
ruban argenté de la rivière, nous distinguerons Pontoise.

Vous le voyez, le séjour peut se prolonger sans ennui
sur la butte de Sannois. Pourtant, il faut reprendre notre
marche, non sans constater, l'expérience l'a prouvé, de
quelle importance stratégique est la suite de hauteurs qui
nous entourent ici et dont les derniers versants meurent près
d'Argenteuil, à l'est de Sannois ; ces hauteurs sont dominées
par le puissant fort de Cormeilles qui, bâti à 171 mètres au-
dessus du niveau de la mer, domine et défendrait au besoin
les deux presqu'îles de Saint-Germain et d'Argenteuil. Ne
traitons pas les questions militaires.

En quittant Sannois, il nous serait facile de nous rendre
directement à Argenteuil ; mais malgré les jolis horizons
qu'on y découvre, le chemin n'est pas absolument gai ;
nous traverserions le petit hameau de Mazagran, nous ren-
contrerions des fabriques de ciment, des carrières crevant
le flanc des coteaux de leurs excavations blanches et jaunes,
des vignes et des champs de légumes sur lesquels se
penchent ces travailleurs, hommes et femmes, dont Millet
rendait si bien les attitudes et les physionomies. L'attirance
n'est pas là ; nous remonterons un instant la route du
Havre, et poussant une pointe vers le sud, à travers les
terres, nous pourrons gravir la butte d'Orgemont et visiter
le moulin dont la guerre de 1870 a fait une ruine. C'est
une ascension de 123 mètres, et encore un point de vue
que nous aimerions à rencontrer à une plus grande distance de celui que nous venons de décrire. C'est une fois
de plus la magique apparition de la capitale avec, à notre
droite, toute la brillante coulée de la Seine, depuis Saint-
Cloud jusqu'à Saint-Germain.

Ici, nous sommes sur le territoire d'Argenteuil, et par
une route que bordent des champs, des vignes et des carrières, nous arriverons promptement à ce pays.

Pourtant, avant d'entrer en ville, nous ferons une halte
encore ; voici, près d'une carrière, un bouquet de bois der-

rière lequel notre instinct de fureteur nous avertit qu'il y a
quelque chose. Ce quelque chose est une galerie couverte
qui prouve bien la haute antiquité de la contrée; elle a été
mise à jour en 1866, et M. Leguay a trouvé là des ossements
de castor et des armes en silex. Les quartiers de pierre qui
couvraient la grotte ont été placés sur deux murs parallèles.

Entrons enfin à Argenteuil; le village est assez triste par
ce côté et ne s'égaie un peu qu'en redescendant vers la
Seine; nous nous rappelons involontairement que Dulaure
écrivait, à son propos, en 1787 : « Si ce n'est une ville, c'est
un des bourgs *les plus beaux* de l'Europe. » Dulaure, comme
on l'a prétendu, n'aurait-il jamais vu les environs de Paris
que par la fenêtre de son cabinet de travail?

Nous gagnerons promptement la Grande-Rue, attiré par
l'église Saint-Denis qui domine tout le pays de la haute
flèche assise sur son clocher roman. Tout en nous acheminant vers le monument, nous aurons le temps de jeter un
coup d'œil rapide sur les origines et l'histoire du pays.

Argenteuil était très probablement un bien humble village
quand, en 656, un leude de Clotaire III nommé Émeric et
sa femme, Nummane, y fondèrent un monastère de bénédictines auquel le pays dut bientôt une grande réputation;
plus tard ce monastère eut toujours pour abbesses des
princesses de sang royal.

L'une de ces abbesses fut Théodrade, fille de Charlemagne. Pendant qu'elle gouvernait le couvent, elle reçut des
mains de son père cette relique encore en vénération dont
nous parlerons tout à l'heure, et qui n'est autre qu'une tunique
ayant, assure-t-on, appartenu à Jésus-Christ. Il ne paraît pas
toutefois, si l'on en croit les chroniques, que Théodrade se
soit rigoureusement astreinte aux règles de sa communauté;
le troupeau qu'elle devait diriger était pour la plupart du
temps privé de son guide qui résidait plus souvent à la cour
de son père que dans le couvent d'Argenteuil. C'est en 814
seulement que, sur l'ordre de Louis le Débonnaire, la princesse dut se consacrer exclusivement à la vie monastique.
Par un diplôme qu'elle obtint de son frère, en 838, Théodrade

fut autorisée à céder, quand elle mourrait, le prieuré d'Argenteuil à l'abbaye de Saint-Denis. Bien que confirmée par Lothaire, quelques années plus tard, cette cession n'eut pas lieu, et le couvent était encore occupé par les bénédictines au douzième siècle. C'est à cette époque qu'Héloïse en fut la dernière abbesse et le quitta pour se retirer au Paraclet, en 1129. Des moines remplacèrent alors les religieuses.

Au dix-septième siècle, les établissements religieux se multiplièrent à Argenteuil. Vincent de Paul y fonda une confrérie de charité en 1634; puis vinrent des frères de la Charité de Notre-Dame, des augustins déchaussés, des moines de Notre-Dame du Mont-Carmel, des ursulines et, enfin, en 1647, la congrégation de Saint-Maur qui s'installa dans le prieuré sous la direction de Claude Fleury, auteur d'une histoire ecclésiastique justement estimée. Lorsque survint la Révolution, prieuré et monastères disparurent.

La guerre s'abattit souvent sur ce village. Normands, Armagnacs, Bourguignons lui firent connaître les horreurs de l'invasion et les désastres du pillage. En 1544, François Ier autorisa le bourg à se fortifier; il s'entoura de murailles, bastionna ses portes, éleva des tours et creusa des fossés. Tous ces ouvrages disparurent en 1810, et deux cent mille hommes de l'armée prussienne purent, le 2 juillet 1815, pénétrer dans le village et le mettre à sac sans rencontrer de résistance. En 1870, le 86e de ligne prussien occupa le pays pendant tout l'investissement; il en emporta quatre-vingts voitures de meubles. Durant ce pillage, les habitants d'Argenteuil, réfugiés à Paris, trouvèrent encore moyen de se cotiser pour offrir des canons à notre défense. Le fait est à leur honneur; il eût été regrettable de ne pas le rappeler.

De l'enceinte d'Argenteuil, de sa muraille longue de trois quarts de lieue, de ses seize portes, il ne reste plus que la moitié d'un bastion et un pan de mur à contreforts clôturant des jardins dans une petite avenue voisine du chemin de fer.

Le pays, desservi par trois voies ferrées, vient de devenir, nous l'avons dit plus haut, la tête d'une ligne qui le relie directement avec Mantes. Monastique jadis, Argenteuil est absolument industriel aujourd'hui. Sa vieille réputation vinicole est allée rejoindre celle de Suresnes, mais ses asperges n'ont pas dégénéré et les nombreux plants de la contrée sont toujours superbes et productifs. Comme industries particulières, après les plâtreries qui font vivre un grand nombre d'ouvriers, nous signalerons une fabrique d'horlogerie de précision d'où sortent des chronomètres et des montres marines, et, comme contraste, à côté de ce minutieux travail, une grande usine où l'on forge, bat et lamine le fer destiné aux travaux de construction.

Les armes d'Argenteuil sont : *d'argent, à trois macles de gueules*.

Nous voici devant l'église Saint-Denis construite en 1862 sur les plans et sous la direction de l'architecte Ballu ; elle est conçue dans le style roman. Harmonieux de lignes et de fort belles proportions, l'édifice s'élève au fond d'une place qu'on souhaiterait plus vaste ; sa façade présente, au-dessus d'une dizaine de marches, trois ouvertures cintrées formant porche ; le clocher, haut de 60 mètres, a trois étages et s'achève par une flèche en pierre accostée de clochetons.

L'intérieur de l'édifice, large et haut, se compose d'une nef, d'un chœur et de deux bas côtés avec transept. Dans la nef, outre les belles orgues de Suret, nous remarquons une élégante chaire en pierre décorée de délicats ornements en fer forgé. Cette serrurerie, aux gracieux enroulements, nous la retrouvons sur la grille qui entoure le chœur, au centre duquel, sur le pavage, se développe une mosaïque exécutée sur les dessins de M. Victor Dubois et reproduisant l'image de la sainte tunique entourée de fleurs de lis et des armes de Saint-Denis ; les chapelles du transept sont éclairées par de belles roses, celle de droite est fort intéressante.

C'est là qu'est conservée, renfermée dans une châsse, curieux travail d'orfèvrerie dû à M. Cahier, le vêtement du Christ connu sous le nom de *sainte tunique*. C'est cette relique que Charlemagne avait reçue de l'impératrice Irène et qu'il remit à Théodrade, le 13 août de l'an 800. Pendant les inva-

sions des Normands, la relique fut enfouie dans une cachette ;
on la retrouva en 1156.

Ce vêtement est noir, d'un seul morceau ; son tissu serré
est fait de poil de chameau ; les manches sont larges et
courtes. C'est l'habit du pauvre dans toute sa simplicité (1).

De belles verrières, aux sujets inspirés par la relique,
décorent cette chapelle, dont l'un des côtés est couvert
par un grand tableau de Bouterwek, représentant Charlemagne déposant la sainte tunique entre les mains de sa
fille. La composition est d'une fort belle ordonnance, les
physionomies expressives, le dessin d'une grande pureté.
Le seul reproche sérieux qu'on pourrait adresser à l'auteur
de cette belle œuvre, c'est d'avoir donné aux bâtiments du
prieuré que l'on voit au fond de son tableau, une architecture de plusieurs siècles postérieure à celle de l'an 800.

L'artiste était un consciencieux et un chercheur pourtant.
Nous lisons sur le livret du Salon de 1852, où ce tableau
a figuré, cette note : « Le type de Charlemagne a été pris
sur une mosaïque faite par ordre du pape Léon III dans
l'église Saint-Jean de Latran, à Rome. »

On n'ouvre pas au public la châsse scellée du sceau ar-
chiépiscopal qui contient, soigneusement pliée, la sainte
tunique, mais on peut en voir un petit morceau dans un
reliquaire, à la sacristie. C'est l'examen de ce morceau qui
nous permis de décrire l'étoffe du vêtement.

Ajoutons que la châsse est exposée et processionnellement

(1) Trèves possède également une tunique qui, prétend-on, a
appartenu aussi à Jésus-Christ ; elle ne serait que le complément
décoratif du vêtement conservé à Argenteuil. Immense, décorée
d'ornements en soie, la tunique de Trèves est la robe orientale
dans toute sa richesse et tout son luxe. On ne met pas son authen-
ticité en doute ; on pense qu'il n'est pas impossible que Charlemagne l'ait donnée à cette ville au temps où il donna celle d'Argenteuil à sa fille. Nous n'entreprendrons pas avec les docteurs
une discussion à ce propos ; si un doute naissait en notre esprit,
il serait dû à la splendeur de la relique de Trèves, cette richesse
nous paraissant peu conforme aux mœurs simples du Nazaréen.

LES RÉGATES A ARGENTEUIL

DESSIN DE P. MERWART.

promenée dans l'église chaque année, le jour de l'Ascension, et que chaque après-midi, à 1 heure, les cloches sonnent en commémoration du moment où la relique fut remise.

La rue de Calais, à droite de l'église, nous conduit à de jolies promenades qui s'appellent *boulevard de Pontoise* et *boulevard de Calais*. Là étaient autrefois les murailles fortifiées; aujourd'hui, en regard des allées de marronniers de ces voies larges et tranquilles, de bourgeoises villas se sont élevées et des jardins fleuris se sont créés.

Errant en ce quartier nous rencontrerons une antiquité dont le pays est fier, mais dont l'histoire est peu connue : la tour Belly ou le moulin de la Tour. Elle est au milieu d'une campagne où les plants d'asperges, les vignes, les figuiers dont les branches se tordent au ras du sol, alternent pittoresquement, tous bien soignés et en plein rapport. La tour Belly émerge, haute et ronde, d'un fouillis d'arbres entouré d'un mur crénelé. Que fut jadis cette construction solide et fière? Peut-être un donjon, peut-être un moulin.

Redescendons maintenant vers la partie gaie du pays, quittons ruelles étroites et montueuses, suivons la Grande-Rue qu'un peu de commerce anime, prenons la rue du Port bordée de constructions banales au milieu desquelles une vulgaire salle de bal a presque l'air d'un monument, et nous arriverons au bord de l'eau dans la partie la plus séduisante du pays.

La rue du Port débouche en regard du pont; le boulevard Héloïse fuit à notre gauche, et nous voyons à son entrée l'hôtel de ville qu'un drapeau tricolore et deux lanternes se chargent seuls de désigner à l'attention; à gauche et devant nous s'étend le Champ-de-Mars; nous pouvons faire là une agréable promenade, les pieds dans l'herbe, la tête à l'ombre des magnifiques ormes que le dernier duc de Roquelaure fit planter au dix-huitième siècle, alors que le Champ-de-Mars était une île. Aujourd'hui le petit bras de rivière a disparu; le fond de la promenade est occupé par quelques belles maisons et aussi par bon nombre de restaurants et d'hôtels. Quand c'est fête à Argenteuil, le jour de l'Ascension et le lundi de la Pentecôte, le Champ-de-Mars est envahi par les forains.

Avant de quitter le pays nous ne manquerons pas de voir le beau pont de sept arches, construit en pierre, bois et fonte qui relie Argenteuil à Gennevilliers. Du milieu du pont nous avons sous les yeux et nous embrassons dans toute son étendue le plus beau bassin que forme la Seine. Large, profond, encaissé, bordé de jolies rives, entouré de riantes collines, il est non seulement très agréable à voir, mais encore particulièrement favorable aux évolutions des voiliers et aux joutes pacifiques des régates.

Quand le dimanche les *marins d'eau douce* se livrent à leurs ébats, le spectacle est vraiment très séduisant et ne manque pas d'originalité. La nappe liquide se peuple de grandes voiles blanches ou brunes, de coques de toutes formes, de menus pavillons de toutes couleurs, frémissant joyeusement dans le vent; les embarcations glissent sur le fleuve, décrivant des courbes capricieuses, se menaçant d'abordage, s'évitant avec adresse, penchant tout à coup sur *babord* ou sur *tribord*, piquant de l'avant, se redressant coquettes et fières sur leurs quilles et reprenant allègrement leur course. Tout cela *aborde* aux heures des repas et les cabarets voisins se remplissent d'une foule bruyante où les toilettes estivales des femmes contrastent par leur élégance avec la simplicité des vareuses de leurs compagnons.

Argenteuil est après Asnières le port le plus aimé des canotiers; mais la rame, fort estimée à Asnières, ne jouit à Argenteuil que d'une sorte de tolérance. Ici la voile est reine.

Nous avons fait en ces deux dernières excursions et sans compter les détours, un voyage de 32 lieues et visité près de cinquante localités. Notre exploration de la partie ouest de ce qu'on peut appeler *les Environs de Paris* est terminée.

Puissent nos lecteurs ne point regretter de nous avoir suivi.

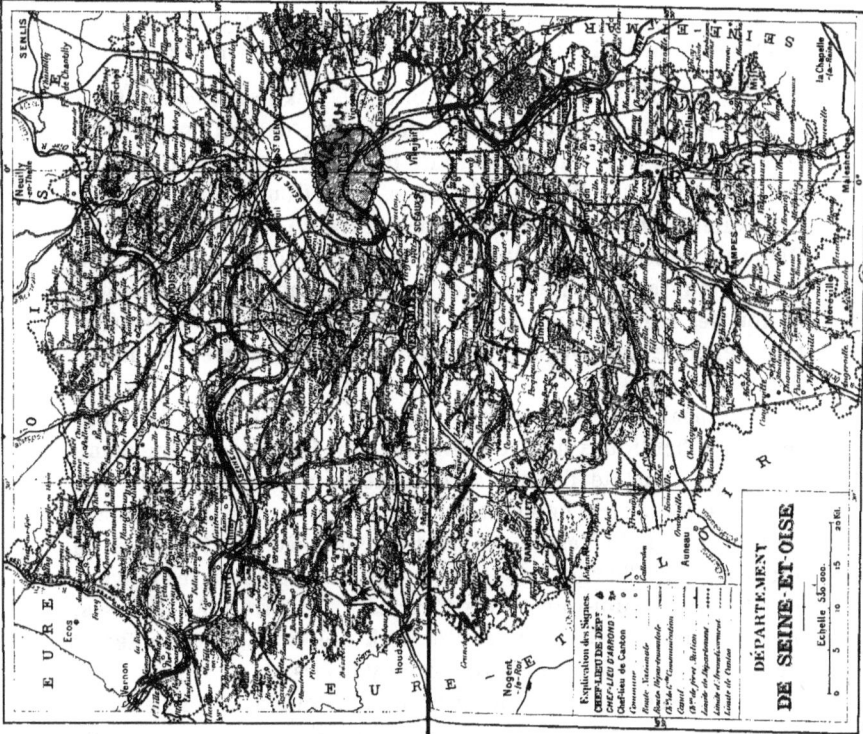

Les étapes d'un Touriste en France.

DÉPARTEMENT
DE SEINE-ET-OISE

Explication des Signes.

CHEF-LIEU DE DÉP.t
CHEF-LIEU D'ARROND.t
Chef-lieu de Canton
Commune
Route Nationale
Route Départementale
Canal
B.te de fer Boulonn.
Limite de Département
Limite d'Arrondissement
Limite de Canton

Échelle 350.000

Environs de Paris.   A. BIGNOUX, ÉDITEUR.

Dressé par F. Morieu.

APPENDICE

Alluets-le-Roi (les), canton de Poissy, 470 habitants (11 kilomè-tres ouest de Poissy). — Au moyen âge, les habitants des Alluets avaient tous le titre de *seigneurs* ou *dames* suivant leur sexe ; dès l'an 1174, ils étaient affranchis de toute cote, taille, corvée et impôt. Henri III leur renouvela ces privilèges en 1580.

Anet, canton de Dreux, 1466 habitants (14 kilomètres nord de Dreux). — Chef-lieu de canton aujourd'hui, ce petit pays, très agréablement situé sur la lisière de la forêt de Dreux, est célèbre par le château que Philibert Delorme, Jean Goujon et Jean Cousin avaient construit et décoré, sur l'ordre du roi Henri II, pour Diane de Poitiers. Ce château passa, avec raison, pour un des chefs-d'œuvre de la renaissance ; quelques-unes de ses parties, et non des moins remarquables, ont été sauvées de la destruction générale par Alexandre Lenoir et sont conservées à l'École des beaux-arts.

Cette localité est ancienne ; il en est question dans les documents authentiques dès le règne du roi Robert. Au douzième siècle, on constate l'existence d'un certain Simon d'Anet, seigneur du lieu, et y habitant un château fort près du confluent de l'Eure et de la Vesgre. Au quatorzième siècle, cette citadelle fut prise par Charles le Mauvais, qui en augmenta les moyens de défense. Confisquée sous Charles V, la terre d'Anet passa, sous Charles VII, dans la famille de Brézé, dans laquelle devait entrer plus tard la célèbre Diane de Poitiers.

La seigneurie d'Anet appartint tour à tour à la duchesse de Mercœur, au duc de Vendôme, au prince de Dombes, au comte d'Eu et au duc de Penthièvre.

Arthies, canton de Magny, 325 habitants (3 kilomètres nord-est de Mantes). — On trouve de fort anciennes traces de l'exis-

31

tence de ce lieu, car, dès 690, un seigneur d'Arthies légua ses terres à l'abbaye de Saint-Denis.

Le pays, qui possédait une léproserie au treizième siècle, était divisé en deux fiefs importants : le fief des Tournelles et celui d'Arthies ; ce dernier appartint successivement à Bernard de Théméricourt, à Bertin et à François de Silly, à Roger Duplessis, duc de la Roche-Guyon, à François de La Rochefoucauld et à la duchesse d'Enville.

Une redevance féodale obligeait les jeunes filles d'Arthies à offrir, le jour de Pâques, un œillet blanc à la châtelaine.

Auffargis, canton de Rambouillet, 534 habitants (10 kilomètres nord-est de Rambouillet). — Au seizième siècle, le territoire d'Auffargis appartenait à la maison d'Angennes, d'où sont sortis les comtes d'Auffargis ou de Fargis. L'église a été construite en 1854.

Aulnay-sur-Mauldre, canton de Meulan, 292 habitants (4 kilomètres sud d'Épône). — On remarque dans l'église de cette petite commune un tabernacle délicatement sculpté.

Bazemont, canton de Meulan, 415 habitants (13 kilomètres sud-ouest de Meulan). — Jolie église du treizième siècle et château renaissance restauré sous Louis XV.

Bazoches, canton de Montfort-l'Amaury, 288 habitants (4 kilomètres est de Montfort-l'Amaury). — L'église de ce petit village a conservé une porte à plein cintre et un clocher à ogives assez curieux ; à son extrémité à gauche, est le hameau de Houjarray, dominé par un monticule de grès haut de 158 mètres, et du sommet duquel on jouit d'une fort belle vue.

Blaru, canton de Bonnières, 584 habitants (8 kilomètres ouest de Bonnières). — C'est le *Barullus* cité dans la *Philippide* de Guillaume le Breton, poème latin du treizième siècle, écrit à la gloire de Philippe-Auguste.

Les châtelains de Blaru avaient droit de haute, moyenne et basse justice ; de leur manoir, dont rien ne reste, on montrait encore il y a une trentaine d'années le souterrain où ils avaient coutume d'enfermer les prévenus.

Chambourcy, canton de Saint-Germain en Laye, 859 habitants (5 kilomètres nord-ouest de Saint-Germain en Laye). — Sous le nom de Bourcy (*Bruciacum*), ce petit pays était connu dès le neuvième siècle; les magnifiques châtaigneraies qui se trouvent sur son territoire sont très visitées par les artistes qui y trouvent de nombreux sujets d'études.

Le 3 juin de chaque année, la fête de sainte Clotilde attire une grande affluence à Chambourcy, et les reliques de cette sainte, que l'église prétend posséder, sont l'objet d'une vénération profonde.

Champlan, canton de Longjumeau, 695 habitants (2 kilomètres nord de Longjumeau). — Cette commune est située sur le versant nord de la vallée de l'Yvette; elle fut habitée par Mme Cottin, l'auteur oublié de *Claire d'Albe.*

Choisel, canton de Chevreuse, 418 habitants (3 kilomètres sud-ouest de Chevreuse). — Sur le territoire de cette commune est le château de Breteuil, élégante construction entourée d'un fort beau parc.

Élancourt, canton de Chevreuse, 614 habitants (3 kilomètres ouest de Trappes). — Sur le territoire de cette commune est la ferme de Villedieu, ancienne maison des Templiers, dont la chapelle est un bel édifice du treizième siècle. Là aussi est l'orphelinat de l'Étang, fondé en 1849 par M. Matignon, curé d'Élancourt; il reçoit environ trois cents jeunes garçons.

Ecquevilly, canton de Meulan, 530 habitants (5 kilomètres sud des Mureaux). — Il ne reste rien du château seigneurial que cette commune posséda longtemps.

Ferté-Vidame (la), chef-lieu de canton, 1 027 habitants (38 kilomètres sud-ouest de Dreux . — C'est une des communes agricoles les plus importantes du département d'Eure-et-Loir; elle eut jadis un château féodal dont les comtes de Dreux, les Vendôme, les Ferrières-Maligny et les La Fin de la Nocle furent successivement possesseurs.

Le domaine passa ensuite dans la famille de Saint-Simon et la duchesse de Valentinois, petite-fille de l'auteur des *Mémoires,* le vendit, en 1766, au marquis de la Borde. Celui-ci fit raser l'ancienne construction et la remplaça par un édifice bâti dans le goût du jour.

En 1784, la Ferté passa dans la famille de Penthièvre, puis dans celle d'Orléans. En 1845, Louis-Philippe fit rebâtir un petit château et apporta de nouveaux embellissements au parc, déjà magnifique, dont il est entouré. Dans ce parc aux longues allées, aux perspectives magnifiques, on ne compte pas moins de six beaux étangs.

Confisqué en 1852, le domaine a fait retour à l'État et a été vendu trois ans plus tard ; c'est aujourd'hui une propriété particulière.

Flins-sur-Seine, canton de Meulan, 772 habitants (6 kilomètres sud-est de Meulan). — Cette commune possède un château qu'entoure un parc orné de belles.pièces d'eau.

Goussonville, canton de Mantes, 210 habitants (10 kilomètres sud-est de Mantes). — Ce village avait Saint-Denis pour patron, et les piliers de son église sont copiés sur ceux de la crypte de la célèbre basilique.

Grandchamp, canton de Houdan, 146 habitants (10 kilomètres sud de Houdan). — Simon IV, comte de Montfort, fonda en 1214, à Grandchamp, une abbaye de prémontrés, qu'il plaça sous l'invocation de Notre-Dame. Sa veuve, Alice de Montmorency, enrichit ce monastère, qui prospéra jusqu'à la fin du seizième siècle ; à cette époque il fut incendié par les calvinistes, mais se releva aussitôt de ses ruines. Dévoré de nouveau par les flammes en 1680, les moines qui l'habitaient furent recueillis par les prémontrés de Paris. On conserve à l'église de Grandchamp le chef de saint Saturnin, relique en grande vénération dans la contrée.

Gressey, canton de Houdan, 353 habitants (5 kilomètres nord de Houdan). — Sur le territoire de cette commune, on voit encore quelques restes de l'enceinte d'un camp de César ; malheureusement, on a détruit un curieux menhir qu'on appelait dans le pays *la pierre du mont Kergeon.* La ferme de Brunel, installée dans une sorte de château moyen âge, demeure la curiosité du pays.

Guitrancourt, canton de Limay, 321 habitants (5 kilomètres nord-est de Limay). — Vieux village qui s'est appelé *Guistran-curia,* puis Guidrancourt. Son église est placée sous l'invocation de saint Ouen ; une confrérie de Saint-Sébastien y a été établie en 1604 avec l'autorisation du pape Clément VIII.

Jouy-le-Moutier, canton de Pontoise, 669 habitants (5 kilomètres nord-ouest de Conflans-Sainte-Honorine). — Cette commune est située sur la rive droite de l'Oise, entre Maurecourt et Vauréal. Son église, construite aux onzième et douzième siècles, est assez curieuse ; elle a conservé ses œils-de-bœuf et son triforium ; une tour et une pyramide romanes s'élèvent à son centre.

Lévy-Saint-Nom, canton de Chevreuse, 274 habitants (8 kilomètres nord-ouest de Chevreuse). — Ce modeste village, situé près des sources de l'Yvette, fut le berceau de la famille de Lévis, de laquelle sont sorties les branches de Mirepoix, de Terride, de Lautrec, de Ventadour, etc. Dans l'église, qui renferme une vierge du quatorzième siècle, on voit la pierre tombale d'Emmanuel de Crussol, gouverneur de Saintonge, qui mourut en 1692.

A 2 kilomètres au nord du village est l'orphelinat de Notre-Dame de la Roche, succursale de l'orphelinat de l'Étang, établi à Élancourt.

Notre-Dame de la Roche ou de la Rouche, comme on dit encore dans le pays, était une abbaye de moines augustins que Gui de Lévis avait fondée en 1196. Néanmoins, ce qui subsiste de l'ancien monastère ne paraît pas être antérieur au règne de saint Louis. La chapelle, restaurée de nos jours par les soins de M. le marquis de Lévis-Mirepoix, est précédée d'un porche ogival, affecte la forme d'une croix latine et n'a ni abside ni bas côtés ; son dallage est formé en grande partie par des pierres tumulaires ayant jadis recouvert les restes des abbés et des religieux du couvent. On voit debout contre les murs les statues de Gui de Lévis (mort en 1230), de Gui II (mort en 1276) et de Roger (mort en 1313). Ne quittez pas la chapelle sans admirer les beaux chapiteaux qui terminent ses colonnes. Quant aux vingt-huit stalles en bois sculpté que vous verrez dans le chœur, elles passent pour être, avec celles de la cathédrale de Poitiers, les plus anciennes que l'on possède en France.

Auprès de la chapelle, en contre-bas, est la salle capitulaire dont la voûte retombe au centre sur deux colonnes isolées et dont la cheminée est ornée de fort élégantes colonnettes.

Les élèves de l'orphelinat sont employés à des travaux de jardinage.

Maule, canton de Meulan, 1267 habitants (8 kilomètres sud d'Épône). — Outre un château construit sous Louis XIII, on voit à Maule une assez curieuse église bâtie au onzième siècle, remaniée au quinzième siècle et augmentée en 1547 d'une belle tour ornée de statues. La crypte est la partie la plus ancienne de l'édifice ; une chapelle qui sert maintenant de sacristie en est la plus curieuse.

Maurecourt, canton de Poissy, 461 habitants (2 kilomètres est d'Andresy). — Tout voisin du confluent de l'Oise et de la Seine, ce village mérite d'être visité pour ses pépinières.

L'église est ornée de belles boiseries provenant de Pontoise.

Mesnil-Saint-Denis (le), canton de Chevreuse, 553 habitants (7 kilomètres nord-ouest de Chevreuse). — Le Mesnil possède un élégant château du dix-septième siècle.

L'église renferme une cuve baptismale du treizième siècle.

Molières (les), canton de Limours, 490 habitants (4 kilomètres nord de Limours). — Le nom de cette commune lui vient des carrières de pierres meulières qu'on exploite dans ses environs.

Nézel, canton de Meulan, 336 habitants (3 kilomètres et demi sud-est d'Epône). — Village agréablement situé sur la rive droite de la Mauldre. En regard est la Falaise avec son joli château au parc orné de cascades.

Oinville, canton de Limay, 486 habitants (6 kilomètres nord-ouest de Meulan). — Ce pays est agréablement situé dans une vallée ombreuse arrosée par le ru de Mont-Cian, le Faux-Ru et divers ruisseaux ; il renferme des fabriques de bijoux en acier poli et cuivre doré.

Orgeval, canton de Poissy, 1368 habitants (5 kilomètres sud-ouest de Poissy). — C'est de cette commune que dépend le hameau d'Abbecourt, où Gast de Poissy, seigneur de Maisons, fonda, en 1180, une abbaye dont l'église fut consacrée par Thomas Becket. En 1708, Ferragus, médecin de l'abbaye de Poissy, découvrit à Abbecourt des sources ferrugineusés ; Couttard, médecin du roi et de la dauphine, analysa les eaux qu'elles produisaient et reconnut que leurs propriétés étaient analogues à celles des eaux de Forges. Le pays dut, à ces sources, un temps de prospérité qui dura peu.

Richebourg, canton de Houdan, 550 habitants (5 kilomètres nord-est de Houdan). — On y voit une église fort coquette en ses petites dimensions ; le clocher carré, flanqué d'une tourelle ronde, s'achève par une pyramide très fine qu'accostent quatre pyramidions. Cette construction est du seizième siècle.

Rosay, canton de Mantes, 265 habitants (10 kilomètres sud de Mantes). — Ce petit village est remarquable par l'élégant château qui le domine, fort ancien sans doute, mais plusieurs fois reconstruit ; il semble avoir conservé quelque chose du goût de tous ceux qui l'ont possédé. On reconnaît autour de lui les traces de puissants ouvrages du moyen âge, double enceinte, tourelles, ponts-levis, etc. Quant aux bâtiments, ils ont été construits sous Henri III, pour Courtin, conseiller d'Etat ; c'est dire qu'ils appartiennent au style de la renaissance ; la brique rouge a été prodiguée sur les façades, le temps a adouci sa couleur chaude ; mais, au soleil couchant, l'édifice prend encore des tons flamboyants qui sont d'un merveilleux effet.

Saint-Lambert-les-Bois, canton de Chevreuse, 271 habitants (7 kilomètres nord-ouest de Chevreuse). — Saint-Lambert éparpille ses maisons dans une vallée que domine une éminence au sommet de laquelle s'élève une rustique chapelle construite au dix-septième siècle.

C'est dans cette commune que furent jetés pêle-mêle, en 1711, une partie des corps déterrés à Port-Royal.

Saint-Nom-la-Bretèche, canton de Marly-le-Roi, 668 habitants (13 kilomètres nord-ouest de Versailles). — Cette commune fut autrefois le siège d'un marquisat. Le château de la Bretèche, au hameau du même nom, touche à la forêt de Marly.

Septeuil, canton de Houdan, 915 habitants (14 kilomètres nord de Houdan'. — Ce village existait au douzième siècle et possédait deux églises relevant de l'abbaye de Saint-Germain des Prés. Au treizième siècle, le seigneur de Septeuil avait droit de haute, moyenne et basse justice. Les deux foires qui ont lieu chaque année à Septeuil, et où l'on fait des transactions importantes en bestiaux et en rouennerie, ont été instituées par Louis XIV.

Au hameau de Saint-Coventin, tout voisin de Septeuil, existait autrefois une abbaye, où le cœur et les entrailles de Blanche de Castille étaient conservés.

Val-Saint-Germain (le), canton de Dourdan-nord, 530 habitants (7 kilomètres nord-est de Dourdan). — Cette commune est située sur la petite rivière de la Rémarde ; elle est plus connue en Beauce sous le nom de Sainte-Julienne que sous sa dénomination officielle, et cela à cause d'un pèlerinage dont son église fut pendant six cents ans le but ; voici à quelle occasion :

Un chevalier breton revenant de la cinquième croisade rapportait, entre autres trésors et curiosités, le crâne de sainte Julienne ; il tomba malade au Val-Saint-Germain et fit vœu, s'il échappait à la mort, d'élever une église à sainte Julienne et d'y déposer sa relique. Rétabli, le chevalier tint parole et pendant longtemps l'église fut visitée par un grand nombre de pèlerins.

L'affluence des dévots était particulièrement remarquable chaque année pendant la semaine de la Pentecôte, et il en résultait une foire mi-mondaine et mi-religieuse.

C'est dans une maison de ce village que l'académicien Viennet est mort en 1868.

Verrière (la), canton de Chevreuse, 87 habitants (11 kilomètres nord-ouest de Chevreuse). — Le château de la Verrière appartenait autrefois au comte de La Valette, que l'héroïque dévouement de sa femme sauva de la mort en 1815.

Villebon, canton de Palaiseau, 775 habitants (3 kilomètres sud-est de Palaiseau). — On voit dans cette commune un château construit sous Louis XIII, une église du dix-septième siècle et un beau haras.

INDEX ALPHABÉTIQUE

Les chiffres romains désignent les excursions et les chiffres arabes les pages.

PARIS. — TYPOGRAPHIE A. HENNUYER, RUE DARCET, 7